Karin Wirnsberger

Ein Blick über den Tellerrand

Nachhaltiges Essen & Trinken in der Kita

HERDER
FREIBURG · BASEL · WIEN

Inhalt

Ein guter Start in eine lebenswerte Zukunft 4

1. Die Zukunft auf dem Teller 6
1.1 Zu viel und zu wenig 6
1.2 Natürliche Lebensmittel wertschätzen 7
1.3 Gemeinsam die Lust am nachhaltigen Essen entdecken 8
1.4 Bildung für nachhaltige Entwicklung und Globales Lernen 10
1.5 Ganzheitlich denken und Hand in Hand losgehen 15

2. Durch die pädagogische Brille 17
2.1 Was macht mich stark? 17
2.2 Vom Beet auf den Teller 19
2.3 Vorbilder gesucht 25
2.4 Auf den Geschmack kommen 26
2.5 Achtsam essen 31
2.6 Mitmachangebote im Kita-Alltag 33
2.7 Mit Essen spielt man nicht? 35

3. Durch die Gesundheitsbrille 37
3.1 Gesundes Essen für Mensch und Erde 37
3.2 Nährstoffe, die Kinder wachsen lassen 38
3.3 Ein Bild sagt mehr als tausend Worte 39
3.4 Zwischenmahlzeiten und Naschen 43
3.5 Vegetarische Ernährung 43
3.6 Hygiene in der Küche 45

4. Durch die kulturelle Brille ... 47
4.1 Du bist, was du isst ... 47
4.2 Gemeinschaftserlebnis Kochen ... 49

5. Durch die ökologische Brille ... 50
5.1 Ökologischer Fußabdruck auf dem Teller ... 50
5.2 Sichtbares und unsichtbares Wasser ... 52
5.3 Mit regionalen Lebensmitteln gegen den Klimawandel ... 53
5.4 Verpackung: Weniger ist mehr ... 56
5.5 Lebendiger Boden ... 60
5.6 Vielfalt auf der Erde und auf dem Teller ... 62

6. Durch die ökonomische Brille ... 66
6.1 Fair von Anfang an ... 66
6.2 Bio – logisch! ... 68
6.3 Siegelsucher und -sucherinnen ... 69
6.4 Lebensmittel retten ... 70
6.5 Werbefalle Kinderlebensmittel: knallbunt und ungesund ... 74

7. Ernährungsprojekte im Kitajahr ... 75
7.1 Frühling – Kräuter und Gewürze ... 75
7.2 Sommer – Wasser ... 79
7.3 Herbst – Nüsse, Samen und Trockenfrüchte ... 83
7.4 Winter – Hülsenfrüchte ... 87
7.5 Durch alle Jahreszeiten – Brot & Butter ... 90

Serviceteil - Literatur & Links ... 93
Bildnachweis ... 95
Danke! ... 96
Autorinnenvita ... 96

Ein guter Start in eine lebenswerte Zukunft

Die 5-jährige Anna kommt oft schon vor acht Uhr in die Kita. Zuhause hat sie meist noch keinen Appetit, umso mehr freut sie sich auf das Frühstück in der Gruppe. Besonders mag es Anna, Flocken zu quetschen, und macht daraus am liebsten ein buntes Müsli mit Obst.

Kita-Honig der „Villa Sonnenschein"

Sina liebt das selbst gebackene Vollkornbrot mit Butter und dem Honig von den eigenen Bienen des Kindergartens. Beim Honigschleudern hat sie mitgeholfen.

Murat mag Kräuterbutter – am liebsten selbst geschüttelt. Die Kräuter dafür hat er mit anderen Kindern gepflanzt, gegossen und geerntet. Er kennt aber nicht nur die Kräuter im Garten, sondern auch wilde Kräuter. Sein Lieblingskraut ist der Spitzwegerich. Der hilft bei Stichen und bei Husten.

Das Lieblingsgericht von Ajala ist Dal, ein indisches Linsengericht. Bei einem Kochabend hat ihre Mutter mit dem Küchenteam das Gericht gekocht und jetzt gibt es Dal manchmal für alle Kinder in der Kita. Ajala isst kein Fleisch und weiß, dass Hülsenfrüchte sie groß und stark machen.

Felix mag Nüsse. Schon jetzt freut er sich darauf, im Herbst wieder mit seiner Gruppe zum großen Nussbaum zu gehen. Dort dürfen sie die Nüsse aufsammeln und anschließend knacken. Wofür Walnüsse gut sind, kann er sich gut merken: Sie sehen nicht nur aus wie kleine Gehirne, sondern helfen auch beim Lernen und Denken.

Anna, Sina, Murat, Ajala und Felix sind fünf von annähernd 3 Millionen Jungen und Mädchen, die unter der Woche täglich ihr Mittagessen und oft auch weitere Mahlzeiten in der Kita bekommen. Durch den Ausbau der Ganztagesbetreuung verbringen immer mehr Kinder den ganzen Tag in einer Kindertagesstätte und essen dort sogar bis zu vier Mahlzeiten. Die Kitas aus den oben genannten Beispielen nutzen dabei die großartige Chance, den Kindern durch ein ausgewogenes, vollwertiges Bio-Essen ausreichend Nährstoffe für ihr Wachstum mitzugeben – gepaart mit praktischem Wissen rund um eine gesunde und nachhaltige Ernährung. Dazu gehört auch die gemeinsame Vor- oder Zubereitung. Kitas, die für und mit Kindern kochen, vermitteln den Kindern etwas, das heute nicht mehr selbstverständlich ist: die Freude und das Know-how, zu kochen und das selbst zubereitete Essen zu genießen.
Diese alltägliche genussvolle Erfahrung prägt die Offenheit der Kinder für die Geschmacksvielfalt natürlicher, unverfälschter Lebensmittel. Auch fördert der achtsame Umgang ihre Wertschätzung für Lebensmittel, für die Pflanzen und Tiere sowie für die Menschen, die an ihrer Produktion beteiligt sind.
Kitas, die über den Tellerrand schauen, machen die Kinder stark und fit fürs Leben – für heute und für die Zukunft. Denn wir können durch unsere Ernährung den Planeten Erde maßgeblich mitgestalten. Unsere Ernährung wirkt sich nicht nur auf unsere eigene Gesundheit, Lebensqualität und unser Wohlbefinden aus. Unser Essen und Trinken beeinflusst auch die Lebensqualität der Menschen in anderen Teilen der Welt und die Lebensqualität zukünftiger Generationen. Denn das ökologische Gleichgewicht unseres Planeten, die Vielfalt und der Bestand von Pflanzen und Tieren, hängt von unserem Handeln ab.
All diese Dimensionen bekommen im Buch Raum: zum Kennenlernen, Bewerten und Mitmachen. Nach einer Einführung betrachten die folgenden Kapitel nachhaltige Ernährungsbildung in der Kita darum durch eine pädagogische, gesundheitliche, kulturelle, ökologische und ökonomische Brille. Zum Schluss werden fünf konkrete Projekte rund ums Jahr vorgestellt. Bühne frei für Zukunftsgestalter, Gartenheldinnen, Kochkünstler, Genussbotschafterinnen, Weltbeschützer und Tellerakrobatinnen!

Karin Wirnsberger

1. Die Zukunft auf dem Teller

1.1 Zu viel und zu wenig

Viele Lebensmittel, die wir konsumieren, hinterlassen einen deutlich messbaren und sichtbaren Fußabdruck auf unserem Planeten. Unsere Ernährung wirkt sich auf das Klima, auf den Flächenverbrauch, auf die Qualität der Böden, Gewässer und Meere, auf das Trinkwasser, auf die biologische Vielfalt, auf die globale Gerechtigkeit und nicht zuletzt auf unsere Gesundheit aus.

Auf unserem Teller liegt also die Zukunft unseres Planeten. Nicht nur die Zukunft in weiter Ferne, sondern unsere eigene und vor allem die unserer Kinder. Es geht deshalb um aktuelle, ganz konkrete Herausforderungen, mit denen unsere Gesellschaft konfrontiert ist. Mit jeder Mahlzeit können wir Klimaschutz, die Bewahrung der Artenvielfalt, einen achtsamen Umgang mit natürlichen Ressourcen und nicht zuletzt globale Gerechtigkeit fördern – oder ihnen entgegenwirken.

Auch gesunde Gerichte gehören zu einer nachhaltigen und zukunftsgerichteten Ernährung. Wirft man jedoch einen kritischen Blick auf die Teller der Kinder, tut sich eine große Kluft auf zwischen dem, was wir in der Theorie über ausgewogene und gesunde Ernährung wissen, und dem, was in der Praxis in vielen Kitas und den Familien zu Hause auf dem Esstisch landet. Dort finden sich nämlich immer noch zu viele Fertiggerichte und zu wenig unverfälschte, vitaminreiche Lebensmittel (s. Kap. 3).

Das bedeutet:

- zu viel Fleisch und zu wenig Gemüse und Hülsenfrüchte
- zu viel Zucker und zu wenig Obst und Nüsse
- zu viel Einheitsbrei und zu wenig Vielfalt
- zu viel Fertiggerichte und zu wenig Selbstgekochtes
- zu viel Verpackung und zu wenig Kreativität
- zu viel Zeitdruck und zu wenig Liebe

1.2 Natürliche Lebensmittel wertschätzen

Ob Obst, Gemüse, Fleisch oder Fertigpizza: Den Großteil unserer Lebensmittel kaufen wir im Supermarkt ein. Bei vielen Produkten wissen wir darum gar nicht mehr, woher sie kommen, welche Zutaten, wie viel Arbeit und Ressourcen in ihnen stecken. Jeder und jede Deutsche wirft pro Jahr durchschnittlich etwa 84 kg Lebensmittel weg (vgl. WWF Deutschland 2015).

Kinder lernen durch ihr Tun. Deshalb ist es wichtig, dass sie mit allen Sinnen erfahren, was hinter dem Begriff „Lebensmittel" und „Nahrungsmittel" steckt: Nahrungs- und Lebensmittel lassen uns leben und nähren uns. Beim Ziehen von Kräutern und Gemüse im Hochbeet beispielsweise erforschen Kinder den Kreislauf der Natur. Sie erfahren, wie viel Zeit und Pflege eine Zucchini braucht, bis wir sie essen können. Auf dem Weg vom Getreidekorn bis zum Brotlaib (s. Kap. 7.5) können die Kinder beim Besuch auf dem Feld, in der Mühle oder Bäckerei miterleben, wie viel Arbeit in ihrem Käsebrötchen steckt. Und auf den Spuren von Nüssen (s. Kap. 7.3) oder Hülsenfrüchten (s. Kap. 7.4), Kochwerkzeugen und Co. entdecken die Kinder vielfältige Länder und Kulturen. Dabei erfahren sie nicht nur etwas über die Lebenssituation der Menschen in anderen Ländern, sondern auch ganz konkret, wie sich unser Konsum auf deren Lebenssituation auswirkt.

Mit dieser Einsicht und dem praktischen Erleben vom Wachsen und Ernten der Nahrungsmittel steigt bei Kindern die Wertschätzung für die natürlichen Lebensmittel. Sie begreifen, warum wir achtsam mit Essen umgehen müssen und dass Essen zu wertvoll ist, um es einfach wegzuwerfen. Auch die Erfahrung, dass saisonale und regionale Lebensmittel lecker schmecken und gesund sind und dass kochen Spaß macht, gehört zur Ernährungsbildung dazu. Dieses Bewusstsein tragen die Kinder überzeugt und stolz mit nach Hause.

1.3 Gemeinsam die Lust am nachhaltigen Essen entdecken

Was und wie wir in unserer Kindheit Essen „lernen", prägt unser Ernährungsverhalten ein Leben lang. Darum ist die Ernährungsbildung in der Kita und am Familientisch die beste Chance, um die nächste Generation von Entscheidungstragenden, Konsumenten und Konsumentinnen für eine gesunde und nachhaltige Ernährung zu begeistern. Entscheiden sich die Kinder als Erwachsene mit ihrem Konsumverhalten und in der Küche für Nachhaltigkeit, haben wir alle eine Chance auf mehr Gesundheit für uns Menschen und für den Planeten.

Damit der Blick über den Tellerrand in der Kita gelingt, braucht es eine gute Zusammenarbeit zwischen allen Beteiligten: den Verantwortlichen für die Verpflegung (Kita-Träger, Fachberatung, Küchenpersonal oder Cateringfirma etc.), den pädagogischen Fachkräften inklusive Leitung, den Eltern und den Kindern. Der gemeinsame Weg hin zu einer nachhaltigen und gesunden Ernährung in der Kita führt erfolgreich zum Ziel, wenn Fachkräfte:

Surftipp

Mit dem überarbeiteten DGE-Qualitätsstandard für die Verpflegung in Kitas unterstützt die Deutsche Gesellschaft für Ernährung Kindertageseinrichtungen mit vielfältigen Informationen und Umsetzungshilfen für eine ausgewogene, nachhaltige Verpflegung.

www.fitkid-aktion.de

- im Team, bei den Kindern und den Familien die Lust auf Essen wecken, sie neugierig machen und gemeinsam genießen. So können Lebensmittel und Ernährung im Alltag wieder die (lebenswichtige) Bedeutung erhalten, die ihnen zusteht.
- sich selbst über die Vielfalt der Lebensmittel, über ihre Herkunft, Entstehung, Produktion und Verarbeitung informieren und den Kindern und Familien dieses Wissen vermitteln.
- den Kindern und Familien das Kochen nahebringen. Wenn Kinder und Erwachsene befähigt werden, aus ursprünglichen und natürlichen Zutaten ein gesundes und schmackhaftes Gericht zuzubereiten, können sie Freude und vielleicht sogar Liebe zum Kochen entwickeln.

In der Aus- und Fortbildung von pädagogischen Fachkräften sind die Angebote im Bereich Ernährung und Ernährungsbildung, Bildung für nachhaltige Entwicklung (BNE) und Globales Lernen noch sehr rar. Hier braucht es dringend einen Wandel, damit das Kita-Team die erforderlichen Kompetenzen für eine ganzheitliche, weltbewusste und zukunftstaugliche Ernährungsbildung entwickeln und später in der Praxis umsetzen kann.

Planet Erde zu Tisch

Laden Sie den Planeten Erde zum gemeinsamen Essen ein. Reservieren Sie ganz bewusst einen schön eingedeckten Platz für diesen besonderen Gast. Dann ist es so weit: Die Erde setzt sich, z. B. in Form eines Globus, zu den Kindern an den Tisch. Beim Essen kann eine Fachkraft oder auch eine Handpuppe für sie sprechen. Warum ist die Erde wohl heute zu Gast? Was hat sie mit unserem Essen zu tun? Was mag sie und was mag sie nicht?

Auch beim Elternabend oder bei einem Gespräch mit Entscheidungsträgern und -trägerinnen kann eine Fachperson auf die Perspektive unseres Planeten hinweisen, der immer – sichtbar oder unsichtbar – mit uns am Esstisch sitzt.

1.4 Bildung für nachhaltige Entwicklung und Globales Lernen

Bildung für nachhaltige Entwicklung (BNE) und Globales Lernen vermitteln Kindern bereits im Kita-Alter Grundwerte und Fähigkeiten wie zukunftsfähiges Denken und Handeln. Die Kinder erleben, dass ihr Handeln Auswirkungen auf andere Menschen und ihre Umgebung hat. Indem sie über den Tellerrand blicken, entwickeln sie ein Bewusstsein für die Welt und ihren Platz darin. Sie lernen, die Welt mitzugestalten. BNE und Globales Lernen haben zwar unterschiedliche Wurzeln, aber das gleiche Ziel: Beide Bildungskonzepte wollen „enkeltaugliches" Denken und Handeln fördern und ergänzen einander.

Wenn pädagogische Fachkräfte den Lernprozess der Kinder, aber auch den eigenen Lernprozess im Blick haben, gehen sie den Weg zu nachhaltigem Handeln miteinander. Eltern und pädagogische Fachkräfte legen als Vorbilder die Grundlagen für ein gerechtes, zukunftsfähiges und friedliches Zusammenleben der nächsten Generationen. Kinder dabei zu unterstützen, globale Zusammenhänge wahrzunehmen, ihre eigenen Schlüsse daraus zu ziehen und eigene Standpunkte zu entwickeln, gelingt durch folgende Bausteine (vgl. Stiftung Haus der kleinen Forscher 2018 – s. auch Surftipp S. 16):

- Wertebildung
- Erkennen und Verstehen
- Reflektieren und Bewerten
- Handeln
- Motivation

1.4.1 Werte in globalen Zusammenhängen

Weltbewusstes, nachhaltiges Handeln und globale Verantwortung als Wertehaltung entwickelt sich nicht durch das Lesen von Büchern oder die theoretische Auseinandersetzung. Werte bilden sich im Tun und durch die Begegnung mit anderen Menschen, Kulturen und der Natur. In der Kita kann diese Wertebildung stattfinden, indem alle im gemeinsamen Tun voneinander und miteinander lernen: die Kleinen von den Großen und die Großen von den Kleinen.

Dafür braucht es keine abstrakten oder komplizierten Konzepte. Die große, weite Welt ist längst im Alltag von Kita-Kindern angekommen: Viele von ihnen haben Familienmitglieder oder Freunde und Freundinnen, die eine andere Muttersprache sprechen. Sie essen Lebensmittel, die aus unterschiedlichen Regionen der Welt kommen, tragen Kleidung, besitzen Spielzeug oder hören Musik aus den verschiedensten Ländern dieser Erde. Globales Lernen knüpft in der Kita an diese alltäglichen Erfahrungen der Kinder an und verbindet sie mit weltweiten Zusammenhängen. Es zeigt Handlungsoptionen auf und schafft Lernräume, die kritisches Denken, Mitgefühl, Offenheit und Kreativität fördern.

Kinder sind neugierig und wollen die Welt verstehen und begreifen. Zudem haben sie ein Recht darauf, diese Welt mitzugestalten. Beim Globalen Lernen erleben die Kinder darum spielerisch, dass sie selbst ein Teil dieser Welt sind und Einfluss nehmen können. Es ist also kein abstraktes Lernen *über* die Welt, sondern ein aktives, handlungsorientiertes Lernen *in* der Welt.

1.4.2 Weltreise jenseits vom Tellerrand

Ob als Palmöldetektive, Regenwaldforscherinnen, Nussknacker, Weltentdeckerinnen oder Siegelsucher: Der Blick über den Tellerrand und die (virtuelle) Reise zum Ursprung von Lebensmitteln macht den Kita-Alltag spannend und bringt eine Menge Spaß. Regen pädagogische Fachkräfte die Kinder dazu an, die Welt mit den Augen anderer zu betrachten, lernen Kinder viele unterschiedliche Perspektiven kennen. Denn auf ihrer abenteuerlichen Weltreise begegnen ihnen Tiere, Pflanzen, Menschen, Werkzeuge, Kulturen, Religionen und manches mehr. Jede dieser Begegnungen kann einen neuen Lernraum für weltbewusstes Handeln öffnen, wenn das Kita-Team und die Eltern sich darauf einlassen.

In der BNE bzw. im Globalen Lernen geht es nicht darum, mit erhobenem Zeigefinger Missstände anzuprangern. Es geht darum, Lernen zu ermöglichen. BNE und Globales Lernen sind ein offenes Angebot, sich kritisch mit unserem Handeln und Lebensstil auseinanderzusetzen und Veränderungen anzustoßen – auf spielerische, altersgerechte und kreative Art und Weise. Das Thema Ernährung bietet hier eine große Vielfalt an Anknüpfungspunkten. Einfach ausprobieren!

1.4.3. Das Ganze im Blick

Wie können wir mit unserem Essen Ressourcen schonen, die Umwelt weniger belasten und faire Bedingungen für alle schaffen? Wie kann sich das Kita-Team dieser Frage in Hinblick auf den pädagogischen Alltag nähern?
In der Bildungsarbeit wird gerne das sogenannte Nachhaltigkeitsviereck von Prof. Ute Stoltenberg verwendet, das die vier Dimensionen Ökologie, Ökonomie, Soziales, Kultur umfasst. Mit seiner Hilfe können Fachkräfte von Beginn an alle Dimensionen der Nachhaltigkeit in den Blick nehmen und unterschiedliche Perspektiven und Zugänge beleuchten. Dabei werden auch Zusammenhänge und Konfliktfelder sichtbar. Mit diesem Modell kann das Kita-Team in komplexe Themen wie z. B. Wald, Boden oder eben auch Ernährung (s. Abbildung S. 13) einsteigen oder ein kreatives Brainstorming zu einem ganz konkreten Projekt in der Kita machen, wie z. B. zum Kräutergarten, Klimafrühstück oder zum Thema Hülsenfrüchte, Nudeln oder Schokolade.

Das Nachhaltigkeitsviereck zum Thema Ernährung

Umwelt

Ökologische Dimension

Natürliche Ressourcen schonen, Klima und Umwelt schützen, Biodiversität erhalten

- Anbaumethoden (Düngemittel, Pestizide, Flächenverbrauch, bio, konventionell)
- Umgang mit Böden und Wasser
- Tierhaltung und Tierwohl
- Transport
- Verpackung
- regionale und saisonale Produktion
- Umgang mit Vielfalt
- usw.

Wirtschaft

Ökonomische Dimension

Produktions- und Lieferketten, Berufe

- Ernte, Verarbeitung, Transport
- Art der Landwirtschaft und Tierhaltung (industriell, Groß- oder Kleinbetriebe)
- Gentechnik
- Saatgut
- Fairer Handel
- Werbung und Marketing
- Berufe
- usw.

ERNÄHRUNG

Soziales

Soziale Dimension

Gerechtigkeit, Gesundheit, Gemeinwohl, Partizipation

- Können alle gut leben (lokal und global)?
- Beziehung zw. Produzent und Konsument
- Sind die Bedingungen für alle Beteiligten fair? (Ernte, Produktion und Vermarktung)
- Umgang mit Lebensmitteln (teilen, retten)
- ausgewogene und gesunde Ernährung (Nährstoffe, Mangel, Übergewicht)
- solidarische Landwirtschaft, Ernährungsrat
- usw.

Kultur

Kulturelle Dimension

lokal und global, heute und früher

- Esskultur und Tischkultur, Werkzeuge
- typische Gerichte, Zutaten, Gewürze
- Feste und Traditionen
- Regeln und Tabus (z.B. religiös)
- Ernährungskonzepte (vegetarisch, vegan, ...)
- Wertschätzung von Lebensmitteln (Verschwendung)
- Techniken zum Haltbarmachen
- Überlieferungen, Märchen und Geschichten
- usw.

Vgl. Ministerium für Soziales, Gesundheit, Jugend, Familie und Senioren des Landes Schleswig-Holstein (2019)

1.4.4 Strategien für eine lebenswerte Zukunft

„Besser – anders – weniger – gerechter – dauerhaft bleibend" sind zentrale Strategien für eine nachhaltige Entwicklung, die man auch im Kita-Alltag genauer in den Fokus nehmen und ausprobieren kann. Wie sehen diese Strategien mit Blick auf das Thema Ernährung aus? Wie können wir mit unserem Essen Ressourcen schonen, die Umwelt weniger belasten und faire Bedingungen für alle schaffen?

1.4.5 Die Agenda 2030 als Wegweiser

Einen weiteren Zugang zum Thema nachhaltige Ernährung in der Kita bietet die Agenda 2030 mit 17 globalen Nachhaltigkeitszielen, die die Vereinten Nationen im September 2015 einstimmig verabschiedet haben. Die Weltgemeinschaft verfolgt damit die Vision, bis 2030 eine friedliche und gerechte Welt ohne Armut und Hunger zu erreichen. Eine Welt, in der die Menschen in einer intakten Natur, gesund und in Wohlstand leben und nachhaltig wirtschaften.

Die Agenda 2030 nimmt dabei alle in die Verantwortung: alle Staaten, Politik, Kommunen, die Wirtschaft, Zivilgesellschaft, Bildungsinstitutionen und nicht zuletzt jeden und jede Einzelne von uns. Wir alle müssen einen Beitrag leisten, wenn wir die fünf Kernbotschaften, die „5 Ps", erreichen wollen:

- **People:** Die Würde des Menschen steht im Mittelpunkt. Wir brauchen eine Welt ohne Armut und Hunger.
- **Planet:** Unser Planet braucht Schutz: das Klima, die Ökosysteme und die natürlichen Ressourcen.
- **Prosperity:** Wir wollen Wohlstand für alle. Globalisierung muss gerecht und fair gestaltet werden.
- **Peace:** Wir wollen eine friedliche Welt, in der die Menschenrechte geachtet werden und die Politik gerecht gestaltet ist.
- **Partnership:** Eine weltweit gute Zusammenarbeit und Verständigung ist wichtig.

Das Herzstück der Agenda bildet ein ehrgeiziger Katalog mit 17 Zielen für eine nachhaltige Entwicklung (s. Abbildung S. 17), die die „5 Ps" konkretisieren. Diese globalen Nachhaltigkeitsziele, die alle Länder der Welt bis 2030 umsetzen sollen, dienen als Wegweiser für eine lebenswerte, gerechte und friedliche Zukunft auf unserem Planeten. Da sie ansprechend gestaltet sind und sehr konkret die wichtigsten Punkte für eine lebenswerte Zukunft benennen, eignen sie sich besonders für die Arbeit im

Kita-Team und in der Zusammenarbeit mit Eltern. Welche Ziele liegen auf dem Teller? Nutzen Fachkräfte die „5 Ps" und die „17 Ziele" für einen Einstieg oder Impuls zum Thema Ernährung, können sie gemeinsam oder in Gruppen überlegen, welchen Bezug die Nachhaltigkeitsziele zum Thema Ernährung haben.

Quelle: Vereinte Nationen, Bundesregierung „http://www.bmu.de/WS3548"

1.5 Ganzheitlich denken und Hand in Hand losgehen

Kitas können viele Menschen und Organisationen inspirieren und motivieren: Kinder, Eltern und Mitarbeitende genauso wie das Umfeld (Träger, Bildungspartner, Kommune, Unternehmen, Vereine etc.). Denn damit eine nachhaltige und gesunde Ernährungsweise erfolgreich umgesetzt wird, sind viele Akteure und Akteurinnen gefragt. Dabei ist es wichtig, alle Beteiligten von Beginn an einzubinden. Im Sinne eines „Whole Institution Approach", also eines ganzheitlichen BNE-Ansatzes, richtet sich dabei der Fokus in allen Bereichen (z. B. Profil/Leitbild, Bewirtschaftung, Kooperationen) und Bildungsprozessen auf nachhaltige Ernährung. Statt hin und wieder einzelne Projekte in die Bildungsarbeit einzustreuen, wird Nachhaltigkeit im Alltag gelebt und rundum in den Blick genommen.

Die Berliner Kita Knirpsenbude (s. Surftipp) ist diesen Weg bereits gegangen. Eltern, Kinder und das Team (mit Köchin) haben innerhalb von zwei Jahren gemeinsam ein ganzheitliches Ernährungskonzept entwickelt. Nun stehen alle hinter den Neuerungen und leben das Projekt gemeinsam aus Überzeugung. Und die Kinder bestimmen den Speiseplan mit Begeisterung mit. Das Beispiel zeigt, dass nachhaltige Veränderung nicht von heute auf morgen passiert. Es braucht Zeit, Geduld und manchmal auch Hartnäckigkeit, aber der gemeinsame Weg bringt auch jede Menge Spaß und gestaltet Zukunft aktiv mit!

Surftipp

Das Praxisbeispiel der Kita Knirpsenbude und viele andere Impulse zum Thema BNE bietet die Broschüre **Macht mit! Bildung für nachhaltige Entwicklung in der Praxis** vom Haus der Kleinen Forscher.
www.haus-der-kleinen-forscher.de/*fileadmin/Redaktion/1_Forschen/Themen-Broschueren/Broschuere_BNE-2_2019.pdf*

2. Durch die pädagogische Brille

2.1 Was macht mich stark?

Essen und Trinken versorgt uns mit allen Nährstoffen, die wir zum Leben und zum Wachsen brauchen, und sorgt für eine ausgeglichene Energiebilanz. Aber Essen und Trinken kann noch mehr. Vielfältige Bildungsbereiche werden gefördert, wenn Fachkräfte Ernährung in der Kita großschreiben:

- **Gesundheit und Nachhaltigkeit:** Rund um die Speisen auf dem Teller können Kinder viele Kompetenzen und Fähigkeiten entwickeln, die sie für ein selbstbestimmtes, nachhaltiges und nicht zuletzt gesundes Leben brauchen. Dazu zählen z. B. Freude am Kochen und Genießen sowie das Interesse an gesunden Lebensmitteln.
- **Selbstfürsorge:** Durch achtsame Mahlzeiten lernen Kinder ihren Körper und ihre eigenen Bedürfnisse kennen. Was tut mir gut und macht mich stark? Wann bin ich satt, wann habe ich Hunger oder Durst? Erleben sie bewusst die Wirkung der Nahrung auf den eigenen Körper, werden Kinder befähigt, gut für sich zu sorgen.
- **Weltwissen:** Der Speiseplan bietet jeden Tag neue Anknüpfungspunkte für eine gute und genussvolle Bildungsarbeit. Vom Acker bis zum Teller und über den Tellerrand hinaus können Kinder und Fachkräfte gemeinsam fragen: Was tut unserem Planeten gut? Woher kommen unsere Lebensmittel und wie werden sie geerntet, verarbeitet und transportiert? Wie geht es den Menschen, die sie produzieren?

Bunt gestaltete Bienenkästen

- **Wertschätzung:** Kinder lernen, Lebensmitteln wertzuschätzen und achtsam mit Nahrung umzugehen. Sie können etwas über die Herkunft, über die einzelnen Produktionsschritte und über das Leben der Menschen, die sie herstellen, erfahren. Dadurch kommen sie mit unterschiedlichen Berufen, Ländern und Kulturen in Kontakt.
- **Gemeinschaft:** Kinder üben beim Essen gemeinsame Regeln, Normen und Werte. Gemeinsame Mahlzeiten bieten dabei einen Ort für gelebte Beziehungen. Bei Tisch pflegen wir unsere Gemeinschaft – in der Kita, in der Familie und in der Gesellschaft – und kommunizieren miteinander.
- **Kultur:** Von den Weihnachtsplätzchen zum Geburtstagskuchen machen Kinder bei Kitafesten, Familienfeiern und (religiösen) Feiertagen die Erfahrung, dass Essen und Trinken einen wichtigen Rahmen für Rituale und gemeinschaftsstiftende Bräuche bietet. Gerichte aus verschiedenen Regionen der Welt bieten außerdem zahlreiche Anlässe, um sich mit vielfältigen Küchen und Kulturen zu beschäftigen.
- **Und so vieles mehr:** Ernährungsbildung, Kochen und gemeinsames Essen schulen die Feinmotorik, erweitern den Wortschatz, fördern die Kreativität, bieten Raum für die MINT-Bildung, für BNE, Globales Lernen, interkulturelles Lernen usw.

Wie aber lässt sich die Bildungsarbeit rund ums Essen und Trinken in der Kita beginnen? Dazu braucht es vor allem zwei Dinge: die eigene Begeisterung für Lebensmittel und die Lust, sich auf das Thema einzulassen. Die täglichen Mahlzeiten bieten vielfältige Anknüpfungspunkte, um sich dem nachhaltigen Umgang mit Lebensmitteln zu nähern. Pädagogische Fachkräfte können so beispielsweise damit starten, mit den Kindern zu kochen: einmal in der Woche oder einmal im Monat oder alle drei Monate im Zyklus der Jahreszeiten. Mit kindgerechten Rezepten und pädagogischem Geschick brauchen sie dazu nicht einmal eine Küche. Freude beim gemeinsamen Gärtnern und Spaß beim Einkaufen, Tischdecken, Genießen und sogar beim Ab- und Aufräumen garantieren ein ganzheitliches Erleben rund ums Thema nachhaltige Ernährung. Das macht Kinder stark!

2.2 Vom Beet auf den Teller

Wenn Kinder erleben, wie eine Karotte langsam vom Samen zur essbaren Frucht reift, wenn sie beim Zubereiten helfen und gemeinsam den Tisch decken, dann schmeckt das Gericht auf dem Teller umso besser. Die Mädchen und Jungen erfahren in diesem Prozess nicht nur Selbstwirksamkeit. Sie lernen auch, Lebensmittel und ihren Weg vom Acker oder Beet bis auf den Teller wertzuschätzen.

Lebensmittel wachsen lassen

Auf der Fensterbank, im Hochbeet oder sogar auf einem Feld in der Nähe der Kita können Kinder Kräuter, Tomaten, Karotten, Erbsen, Radieschen, Erdbeeren und vieles mehr aussäen oder anpflanzen. Indem sie Lebensmittel selbst pflegen, gießen und sie beim Wachsen beobachten, lernen sie, was Pflanzen zum Gedeihen brauchen. Die Lebensmittel selbst zu ernten, ist für Groß und Klein schließlich ein echtes Aha-Erlebnis. Alle sind stolz auf ihre Arbeit und gehen achtsam mit dem Lebensmittel um, da sie wissen, wie viel Mühe, Zeit und Wissen darin steckt.

Das Gartenzaun-Beet

Wenn im Außenbereich der Kita wenig Platz zur Verfügung steht, können Fachkräfte mit den Kindern ein Gartenzaun-Beet anlegen.

Material

- Getränkekartons (am besten mit Metallbeschichtung)
- Schere
- Ahle
- Schnur oder Draht
- Blumen- bzw. Kräutererde

Lesetipp

Weitere platzsparende Pflanzideen und Tipps zum Gärtnern mit Kindern finden Sie in:
Heide Bergmann (2021): Urban Gardening mit Kindern. Nachhaltige Garten-Projekte für die Kita.
Freiburg: Verlag Herder

So geht's

Sammeln Sie Getränkekartons und waschen Sie diese aus. Dann schneiden Sie den oberen Teil ab und kürzen drei Seiten um 2–3 cm. Nachdem Sie die vierte Seite nach innen umgeklappt haben, stechen Sie mit einer Ahle 2 Löcher hinein und fädeln eine Schnur oder Draht zum Aufhängen durch. Anschließend werden auch in den Boden 5 kleine Löcher gestochen, damit überschüssiges Gießwasser abfließen kann.
Jetzt sind die Kinder an der Reihe: Wer möchte, darf den Pflanzkarton mit wasserfesten Farben bunt gestalten. Dann befüllen alle gemeinsam die Kartons zu drei Vierteln mit Blumen-, Kräutererde o. Ä. und säen oder setzen Pflänzchen hinein: Kräuter, essbare Blumen wie Ringelblume oder Kapuzinerkresse, Erdbeeren und einiges mehr gelingt problemlos in den gebastelten Blumentöpfen. Zum Schluss werden die Pflanzgefäße versetzt oder in einer Reihe am Gartenzaun bzw. einem Wandgitter aufgehängt.

Von der Apfelblüte zum Apfelkuchen

Bei der Apfelernte können auch schon die Jüngsten miternten und beim Verarbeiten helfen, z. B. Äpfel pressen, Apfelmus oder -marmelade kochen, Äpfel dörren, Apfelkuchen backen usw. Eignet sich der Außenbereich der Kita vielleicht für den Anbau von Spalierobst oder gibt es eine Streuobstwiese in der Nähe? Beobachten Sie dort

mit den Kindern, wie aus einer Blüte ein saftiger Apfel entsteht. Dazu markieren die Kinder im Februar einen Zweig mit einem Band oder einer Kordel. Was passiert über die Wochen und Monate? Wann kommen die ersten Blüten? Welche Insekten besuchen die Blüten und was tun sie für den Apfelbaum? Wie erkenne ich, wann ein Apfel reif ist?

MACH MIT!
Das Bildungsprogramm „AckerKita" schafft Naturerfahrungsräume in Einrichtungen frühkindlicher Bildung. Durch den Anbau, die Ernte und das Verarbeiten von Gemüse lernen Kinder landwirtschaftliches Grundwissen und erfahren den natürlichen Verlauf eines Ackerjahres spielerisch und mit allen Sinnen. Das Programm lässt sich individuell in das bestehende Bildungsangebot von Kitas integrieren.
www.gemueseackerdemie.de/ackerkita/

Bildungsort Supermarkt

Eine ganzheitliche Pädagogik nutzt nicht nur die Kita als Bildungsort. Auch der Supermarkt, der Bioladen, die Metzgerei, der Hofladen um die Ecke, der Weltladen, der Unverpackt-Laden oder der Wochenmarkt bieten spannende Bildungsimpulse zum Thema nachhaltige Ernährung. Gemeinsam mit den pädagogischen Fachkräften können Kinder hier die Vielfalt und den Wert unserer Lebensmittel entdecken. Um nachhaltig einzukaufen, braucht es eine gute Vorbereitung. Das Kita-Team kann vorab gemeinsam mit der Kindergruppe der Frage nachgehen, wie ein zukunfts- und umweltfreundlicher Einkaufskorb aussieht. Dazu gehört schon der Weg zum Supermarkt. Kann er zu Fuß und damit CO_2-neutral zurückgelegt werden? Und wie wollen wir unseren Einkauf transportieren? Nähen Sie mit den Eltern z. B. Netze für Obst und Gemüse oder gestalten Sie mit den Kindern Stofftaschen aus alten T-Shirts.

Besuch auf dem Bauernhof

Neben den zahlreichen Einkaufsmöglichkeiten können auch regionale Produzenten und Produzentinnen wertvolle Einblicke bieten. Vielleicht gibt es einen Bauernhof mit Hühnern und Kühen in der Nähe, den die Kinder besuchen können? Aber auch in der Backstube, Gärtnerei, Imkerei oder Molkerei lernen Kinder mehr als nur die Herstellung von Lebensmitteln kennen. Denn dort begegnen ihnen auch spannende Berufe rund ums Essen und Trinken.

Der nachhaltige Einkaufszettel

Folgende Punkte sollten auf einer nachhaltigen Einkaufsliste stehen:

- überwiegend saisonale, regionale und biologische Nahrungsmittel
- weniger tierische Produkte – mehr pflanzliche Produkte
- natürliche und wenig verarbeitete Produkte
- umweltfreundliche Verpackung

Ran an die Töpfe!

Kochen zu lernen befähigt Menschen, ihre Ernährung bewusst, gesund und nachhaltig zu gestalten. Darum ist das Erlernen dieser Kompetenz elementar. Außerdem fördert gemeinsames Kochen auch soziale und kulturelle Kompetenzen. Also ran an die Kochlöffel! Kleinere Kinder können z. B. Obst und Gemüse in einem Topf waschen und rühren. Größere Kinder helfen bestimmt gerne beim Schneiden, Messen und Würzen. Dabei erforschen alle gemeinsam die Lebensmittel mit allen Sinnen und probieren verschiedene (Koch-)Werkzeuge und -Techniken aus. Denn Kochen mit Kindern macht vor allem eins: Spaß! Ganz nebenbei lernen Kinder auch neue Wörter und Begriffe kennen.

Doch nicht alle Kitas haben eine entsprechende Küchenausstattung. Wenn Küchengeräte, Kochgeschirr oder andere Utensilien fehlen, heißt es improvisieren. Auch die kalte Küche bietet beispielsweise Möglichkeiten für eine prakti-

MACH MIT!
Das Programm „Ich kann kochen!" der Sarah Wiener Stiftung möchte Kinder für das Kochen und eine ausgewogene Ernährung begeistern – und bietet pädagogischen Fachkräften deutschlandweit Fortbildungen als Genussbotschafter oder -botschafterin an. Über eine interne Plattform gibt es vielfältige Impulse und Rezepte zum Download unter dem Motto: „Kochen macht Spaß – und Sinn!"
www.ichkannkochen.de

sche und genussvolle Ernährungsbildung. Bei Bedarf können Fachkräfte außerdem elektrische Küchengeräte wie eine Induktionsherdplatte, Waffeleisen oder Mixgeräte einsetzen. Bei den Kindern sehr beliebt sind so z. B. Aufstriche und Dips mit Gemüse, Fingerfood für die Vesperbox, Smoothies und süße oder herzhafte Waffeln. Beim Kochen mit Kindern sollten natürlich immer die Hygieneregeln eingehalten werden (s. Kap. 3.6).

Rituale und Regeln bei Tisch

Was wir essen und trinken, soll uns nähren – sowohl unseren Körper als auch unseren Geist. Dafür spielen nicht nur die Inhaltsstoffe der Lebensmittel eine Rolle, sondern auch, wie wir unsere Mahlzeiten gestalten. Wie viel Zeit nehmen wir uns fürs Essen? Wer sitzt mit am Tisch? Wie ist die Stimmung? Da Essen stark mit Gefühlen verbunden ist, haben Konflikte und Streit bei Tisch nichts verloren.

Rituale und Tischsprüche sorgen für eine gute Stimmung und stärken das Gemeinschaftsgefühl. Das Kita-Team kann dazu die Lieblingssprüche der Kinder sammeln oder auch einen eigenen Tischspruch entwickeln.

Auch nachvollziehbare Tischregeln tragen zu entspannten Mahlzeiten bei. Welche ausgesprochenen und unausgesprochenen Tischregeln gibt es in der Kita? Das Team nimmt die bestehenden Regeln kritisch unter die Lupe und reflektiert gemeinsam mit den Kindern: Verstehen alle die aktuellen Tischregeln und halten sie für sinnvoll – oder müssen sie überarbeitet werden? Welche Regeln sind notwendig, damit sich alle beim Essen wohlfühlen?

Schließlich sollten die Rahmenbedingungen für Mahlzeiten im Kita-Tag überprüft werden. Wie lassen sich die Mahlzeiten noch angenehmer und genussvoller gestalten? Das schließt die Raumgestaltung, die Tischdeko und auch die Einteilung der

Essenszeiten mit ein. Können die Kinder ohne Zeitdruck und in entspannter Atmosphäre essen? Dürfen sich die Kinder selbst aus den Schüsseln schöpfen und bestimmen, was und wie viel sie essen? Was gefällt den Kindern beim Essen und was möchten sie ändern? Eine Kinderumfrage bringt Klarheit. Kleine Veränderungen können Fachkräfte direkt mit den Kindern umsetzen, für größere Veränderungen braucht es oft Unterstützung durch Träger oder externe Experten und Expertinnen.

Der goldene Tisch

Eine goldene Tischdecke, Kerzenschein und edles Geschirr: So glänzt der schön gedeckte „Goldene Tisch" im FRÖBEL-Kindergarten „Schatzinsel". Um einen ruhigen Rahmen für zusätzliche Sprachanlässe zu schaffen, haben Fachkräfte eine kleine Kindergruppe zu dieser ganz besonderen Mahlzeit eingeladen. Die stimmungsvolle Atmosphäre eröffnet einen anderen Zugang zum Thema Essen, Genuss und Tischkultur. Auch die Kinder erfahren am goldenen Tisch eine besondere Aufmerksamkeit und Wertschätzung.

In der Praxis kann die Idee in vielfältiger Form weiterentwickelt werden: als Highlight für die Geburtstagkinder des Monats, um interkulturellen Hintergründen Raum zu geben, um Familienrezepte und -rituale auszuprobieren oder um Familien einzuladen und zu bekochen. Auch wenn die Umsetzung vom „Goldenen Tisch" beim ersten Versuch nicht immer perfekt gelingt, lohnt sich ein Versuch! (Für mehr Informationen, s. Surftipp.)

Surftipp

Ideen und kurze Videos zum „Goldenen Tisch" gibt es auf dem FRÖBEL PädagogikBlog.
www.paedagogikblog.de/
der-goldene-tisch-plus-mahlzeitensituationen-mal-anders-gestalten/

2.3 Vorbilder gesucht

Kinder lernen durch Vorbilder: durch liebevolle Eltern, Großeltern, pädagogische Fachkräfte und später auch Freunde und Freundinnen. Sie alle können den Kindern durch ihr Verhalten bei den Mahlzeiten einen gesunden und offenen Umgang mit Speisen vorleben und ihnen so beispielsweise die Angst vor neuen Lebensmitteln nehmen. Genuss entsteht aus vielen positiven Kontakten mit einem Lebensmittel, in angenehmer Atmosphäre und mit vertrauten Beziehungen.

Die eigenen Erfahrungen, Werte und Einstellungen der Fachkräfte beim Umgang mit Essen beeinflussen, welche Erwartungen sie bewusst und unbewusst an die Kinder herantragen. Aufgrund der eigenen Geschichte und ihrer kulturellen und emotionalen Prägung können das Kita-Personal und die Eltern unter Umständen ganz unterschiedliche Werte beim Essen vermitteln. Auch das Verständnis von Nachhaltigkeit kann sich stark unterscheiden. Darum kommt den pädagogischen Fachkräften die Aufgabe zu, die eigene Essensgeschichte zu reflektieren und darauf aufbauend Regeln und Rituale in der Kita gemeinsam zu hinterfragen.

Folgende Reflexionsfragen helfen dabei:

- Was esse ich am liebsten?
- Gibt es Nahrungsmittel oder Speisen, die ich gar nicht mag?
- Welche kulinarischen Erlebnisse aus meiner Kindheit sind mir in Erinnerung geblieben (positiv/negativ)?
- Welche Tischregeln sind mir wichtig?
- Was bedeutet gesunde Ernährung für mich?
- Was bedeutet nachhaltige Ernährung für mich?
- Wie ist meine Einstellung zu Bio-Lebensmitteln und zu Fairem Handel?
- Was halte ich von unterschiedlichen Ernährungskonzepten (z. B. vegetarisch, vegan)?
- Was ist mir beim Essen/Trinken wichtig?
- Was möchte ich bei meiner eigenen Ernährung verändern?
- Was genieße ich beim Essen und Trinken mit den Kindern in der Kita?
- Welche Verhaltensweisen/Einstellungen schaffen eine gute Atmosphäre?
- Was möchte ich in der Kita gerne beim Essen verändern?
- Welche Unterstützung brauche ich?

2.4 Auf den Geschmack kommen

Holunderblüten sammeln

„Iiiiiigittt!" Roman verzieht das Gesicht. „Das schmeckt ja ekelhaft! Nochmal IIIlgittt! Pfui, bäh, wääääh!" Der Junge schüttelt sich und wiederholt immer lauter: „IIIlgittt! Pfui, bäh, wääääh!"

Was immer Roman gegessen oder getrunken hat – eine solche Reaktion verdient keine Speise! Auch wenn etwas nicht schmeckt, gelten die Tischregeln. Diese können z. B. beinhalten, dass anderen Kindern das Essen nicht schlechtgeredet wird oder dass wir nicht über das Essen motzen. Natürlich muss kein Kind etwas essen oder probieren, was es nicht mag. Allerdings sollten Fachkräfte vermitteln, dass jedes Lebensmittel unsere Wertschätzung verdient. Und vielleicht schmeckt Roman dasselbe Gericht in der nächsten Woche sogar ganz gut? Denn unser Geschmacksinn ist entwicklungsfähig – unser ganzes Leben lang. Den Grundstein für diese Offenheit und Flexibilität legen wir bereits in der frühen Kindheit. Ernährungsmuster, die sich dort bilden, bleiben meist auch im Erwachsenenalter erhalten. Darum können wir nicht früh genug damit anfangen, Kinder für eine genussvolle, ausgewogene, vielfältige und nachhaltige Ernährung zu begeistern.

Nur wenn Kinder neue Lebensmittel probieren, können sie neue, positive Geschmackserlebnisse sammeln. Allerdings ist der Weg dorthin nicht immer einfach. Denn viele Kinder sind wie Roman sehr kritisch, wenn es um unbekannte Nahrungsmittel geht. Beispielsweise haben wir von Geburt an eine Vorliebe für Süßes, denn süß bedeutet reif und reich an Energie. Bei Bitterem und Saurem hingegen verspüren wir eher Abneigung. Wir verbinden dieses Nahrungsmittel mit giftig oder unreif. Dieser Urinstinkt ist bei Kindern noch ausgeprägter. Gleichzeitig haben Kinder fast doppelt so viele Geschmacksknospen wie Erwachsene und einen besonders guten Geruchssinn. Daher empfinden sie manches viel intensiver als Erwachsene: Süßes erscheint ihnen süßer und auch Salziges, Saures und Bitteres nehmen sie intensiver wahr. Deshalb braucht es bei einigen Geschmacksrichtungen länger, bis sich die Kinder daran gewöhnen und den Geschmack vielleicht sogar lieben lernen. Nur wenn junge Kinder immer wieder auf positive Art mit neuen und bekannten Lebensmitteln in Kontakt kommen, können sie ihre Skepsis verlieren. Es heißt, dass Kindern

ein Lebensmittel bis zu 20 Mal in verschiedenen Varianten probieren müssen, bis sie vielleicht doch auf den Geschmack kommen.
Zum Glück können Fachkräfte die natürliche Neugierde von Kindern nutzen, um sie zu begeistern. Unbekannte Lebensmittel lassen sich als spannendes Experimentierfeld inszenieren. Die Vielfalt an Gerüchen, Farben, Konsistenzen und Geschmacksrichtungen wecken den Entdeckergeist. Es lohnt sich, wenn Fachkräfte schon die Jüngsten so oft wie möglich in einem spielerischen Kontext an unterschiedliche, gesunde Lebensmittel heranführen. Denn im Alter von 18 bis 30 Monaten ist bei Kindern die Angst vor unbekannten Lebensmitteln am größten. Das hat die Natur so eingerichtet, damit sie sich nicht etwas in den Mund stecken, das ihnen vielleicht schadet. Für die Erwachsenen heißt es deshalb geduldig bleiben und neue Lebensmittel immer wieder freundlich anbieten. Ohne Zwang.

2.4.1 Genussvoll mit allen Sinnen

Mit Sinnesübungen bekommen die Kinder einen spielerischen Zugang zu Lebensmitteln. Hier können sie ganz praktisch wertvolle Erfahrungen sammeln. Wahrnehmungsspiele fördern und sensibilisieren den Geschmackssinn. Ein gut gefülltes Sinnesarchiv sorgt für mehr Genuss, Freude und Lebensqualität.
Denn Essen und Trinken entfalten erst dann ihr ganzes Geschmackserlebnis, wenn alle Sinne trainiert sind und zum Einsatz kommen: sehen, fühlen, hören, riechen, schmecken. Ob uns etwas schmeckt oder nicht, hängt von vielen Faktoren ab:

- Was sehen wir auf dem Teller: frische, bunte Vielfalt oder ein undefinierbares Einerlei? Sieht es nach viel oder wenig aus?
- Wie nehmen wir den Geschmack auf der Zunge wahr? Süß, sauer, salzig, bitter?
- Wie fühlt es sich im Mund an: hart, weich, kantig, kalt, warm, gallertartig, knackig?
- Was riecht die Nase: einen angenehmen Duft oder einen sauren, fauligen, stechenden Gestank?
- Was sagt das Herz: Ist die Atmosphäre harmonisch und lustig oder eher angespannt?

Aber auch beim Retten von Lebensmitteln brauchen wir unsere Sinne, um feststellen zu können, ob Lebensmittel noch gut sind. Denn das Haltbarkeitsdatum ist nicht gleichzusetzen mit dem Zeitpunkt, wann das Lebensmittel nicht mehr genießbar ist (s. Kapitel 6.4).

Nebeneffekte von Sinnesübungen

Probierübungen mit allen Sinnen können mehr, als den Geschmackssinn zu verfeinern. Kinder ...

... entdecken neue Lebensmittel.
... schulen ihre Sinne und Wahrnehmung.
... erweitern ihren Sprachschatz durch das Beschreiben ihrer Wahrnehmung.
... lernen ihren Körper besser kennen und ihrem eigenen Urteil zu vertrauen.
... trainieren ihre Beobachtungsgabe und ihre Konzentration.
... üben Achtsamkeit.

Eine Pflanze – tausend Geschmacksrichtungen

Eine einzelne Pflanze kann für ganz unterschiedliche Geschmacks- und Sinneserlebnisse sorgen. Wie viele Verarbeitungsarten fallen den Kindern z. B. für einen Apfel ein? Vergleichen Sie mit den Kindern das unverarbeitete Obst mit den unterschiedlichen Arten der Verarbeitung: Apfelkompott – Apfelsaft – Bratapfel – Apfelomelette – Apfelmuffins. Oder wollen die Kinder eine Kartoffel unter die Lupe nehmen? Kartoffelbrei, Bratkartoffel, Pellkartoffel, Pommes, Rösti – wer hätte geglaubt, dass die Knolle so unterschiedlich aussehen, riechen, sich anfühlen und vor allem schmecken kann?

2.4.2 Sehen – das Auge isst mit

Der erste Kontakt mit einem Lebensmittel findet meist über die Optik statt: Welche Form oder Farbe hat das Lebensmittel? Wie ist die Speise auf dem Teller angerichtet? Der Sehsinn beeinflusst unsere Essensauswahl, wie und ob uns ein Gericht schmeckt und sogar wann wir uns satt fühlen. Da bereits die ersten Sekunden darüber entscheiden, ob uns ein Gericht anspricht, sollte das Essen in der Kita und zu Hause einladend und schmackhaft aussehen. Kinder mögen z. B. kein Chaos auf dem Teller. Unterschiedliche Komponenten sollten darum möglichst voneinander getrennt platziert werden. Farben spielen bei Lebensmitteln ebenfalls eine große Rolle – als Signal (z. B. rot = schmackhaft, grün = giftig) oder als Geschmackserwartung (z. B. rot = Erdbeergeschmack, gelb = Bananengeschmack, grün= Minzgeschmack).
Bereits beim Einkaufen von Lebensmitteln ist das Aussehen oft das erste und wichtigste Kriterium. Dass die optische Erscheinung Kinder stark beeinflusst, weiß auch die Lebensmittelindustrie. Sie hat Kinder als spezielle Zielgruppe für leider meist

sehr ungesunde „Kinderlebensmittel" mit bunten Bildern und süßen Formen im Blick. Allerdings lassen sich auch Erwachsene gerne vom perfekten Aussehen von Nahrung verführen. Mit Blick auf die Lebensmittelverschwendung ist das kritisch: Lebensmittel, die zu klein, zu groß, zu krumm sind oder eine kleine Druckstelle haben, landen deshalb oft gar nicht in den Regalen und werden schon vorher entsorgt (s. Kap. 6.4).

Adlerauge aufgepasst!

Nehmen Sie mit den Kindern einzelne Lebensmittel unter die Lupe:

- Vielfalt entdecken! Wie viele Tomatensorten können die Kinder nach ihrem Aussehen unterscheiden? Durch welche Merkmale unterscheiden sie sich? Schmecken sie so unterschiedlich, wie sie aussehen? Wie viele Kräuter kennen die Kinder beim Anschauen mit Namen?
- Frisch oder verdorben? Ab wann ist ein Apfel oder eine Banane verdorben und woran erkennen wir das? Trügt manchmal vielleicht der erste Schein?

2.4.3 Riechen – immer der Nase nach

Spätestens wenn wir Schnupfen haben, merken wir, wie wichtig unsere Nase für den Geschmack ist. Die flüchtigen Moleküle gelangen über die Nasenlöcher und durch den Rachen zu den Riechzellen. Gerüche sind außerdem stark mit Gefühlen verknüpft – und mit Erinnerungen. Darum kann schon der Duft unserer Leibspeise ein wohliges Gefühl im Bauch entstehen lassen oder uns an zu Hause erinnern.
Je mehr Kinder das bewusste Riechen üben, z. B. beim Einkaufen und beim Zubereiten der Speisen, desto genussvoller werden die Mahlzeiten. Den Geruch mit eigenen Worten zu beschreiben, fördert außerdem die Sprachkompetenz.

Nasendetektive und -detektivinnen aufgepasst!

Befüllen Sie kleine Gefäße mit bestimmten Lebensmitteln, z. B. mit Kräutern, Gewürzen, Obst- und Gemüsesorten, Käse, gerösteten Nüssen, Brot u. Ä. Stülpen Sie ein Pergament- oder Butterbrotpapier darüber, sodass man das Lebensmittel nicht sieht. Binden Sie dann das Papier fest und stechen Sie oben Löcher hinein.

Los geht's:

- Riechprobe: Welche Lebensmittel können die Kinder nur mit ihrer Nase erkennen? Was riecht süß, sauer, scharf, stechend ...?
- Geruchsmemo: Welche Geruchspaare riechen gleich?
- Paare finden: Welche Gerüche passen zueinander (Basilikum + Tomate = Nudelgericht, Zitronenzeste + Minze = sommerlich erfrischend, Zimt + Orangenzeste= weihnachtlich)?

2.4.4 Hören – klingt lecker

Wir schmecken nicht nur mit der Zunge, sondern auch mit den Ohren. Knusprig und knackig signalisiert uns, dass ein bestimmtes Lebensmittel frisch ist und lecker schmeckt. Nicht umsonst wird in der Nahrungsmittelindustrie besonders darauf geachtet, dass Fertigprodukte wie Chips oder Kekse auch gut klingen. Ein selbst gebasteltes Geräuschmemo mit Hülsenfrüchten, Bröseln u. Ä. sensibilisiert Kinder für Geräusche.

Ohren spitzen und reinbeißen!

Schneiden Sie für dieses Wahrnehmungsspiel unterschiedliches Gemüse und Obst auf (Karotte, Paprika, Apfel, Gurke, Banane etc.). Auch Brot, Cracker oder andere (gesunde) Knabbereien können Sie bereitstellen. Dann darf ein Kind hinter einem Vorhang oder einer Trennwand herzhaft in eines der Lebensmittel beißen und kauen. Erkennen die anderen Kinder am Klang, um welches Lebensmittel es sich handelt?

2.4.5 Schmecken – die Zunge sprechen lassen

Mit der Zunge können wir unterscheiden, ob etwas süß, sauer, salzig, bitter oder umami (herzhaft, würzig) schmeckt. Dabei gibt es Lebensmittel, die sich ganz einfach beschreiben und zuordnen lassen: Zitrone schmeckt sauer, Honig schmeckt süß, Oliven sind bitter. Aber es gibt auch Lebensmittel, die den Kindern vielfältigere Geschmackserlebnisse verschaffen. Beispielsweise schmeckt ein Apfel zugleich süß und sauer. Und wenn wir etwas länger im Mund haben, kann sich der Geschmack sogar verändern. Das können die Kinder selbst testen: Wie schmeckt das Brot, wenn man es ganz lange kaut (s. Kap. 7.5)? Neben dem Geschmack selbst spielt aber auch das Mundgefühl eine Rolle, ob man etwas mag oder nicht. Fühlt sich ein Lebensmittel rau oder glatt an, weich oder hart?

Blindverkostung

Schneiden Sie unterschiedliches Gemüse und Obst auf. Lassen Sie die Kinder dann blind verkosten. Erkennen die Kinder, was sie essen? Wie beschreiben sie den Geschmack, wie das Mundgefühl? Können sie Besonderheiten oder Unterschiede herausschmecken?

2.4.6 Fühlen – Geschmack begreifen

Das Fühlen mit den Händen spielt in unserer Kultur beim Essen eher eine untergeordnete Rolle. Allerdings eignet es sich sehr gut für einen spielerischen Einstieg ins Thema. Wie unterschiedlich fühlen sich eine Kiwi, ein Apfel oder eine Himbeere an? Auch kann das Ertasten von Essen als Ausgangspunkt dienen, um Kindern verschiedene Esskulturen nahezubringen. Wie wäre es z. B. mit einem gemeinsam gekochten indischen Gericht, das die Kinder ganz ohne Besteck nur mit den Fingern der rechten Hand und einem Stück Chapati-Fladenbrot essen? Die linke Hand gilt in Indien als unrein.

Tastkisten

Legen Sie unterschiedliche Obst- und Gemüsearten in blickdichte Tastkisten oder Stofftüten. Dann dürfen die Kinder reihum fühlen. Erst wenn alle einmal an der Reihe waren, raten die Mädchen und Jungen, was sie ertastet haben. Wie fühlen sich die einzelnen Sorten an? Woran haben die Kinder sie erkannt? Im Anschluss können sie das erratene Obst oder Gemüse zeichnen.

2.5 Achtsam essen

Achtsamkeit bedeutet, im Hier und Jetzt zu sein und das wahrzunehmen, was gerade ist. Ins Spiel versunken sind Kinder oft Achtsamkeitskünstler- und -künstlerinnen. Während der Mahlzeiten fällt es vielen jedoch schwer, sich auf den Essvorgang zu fokussieren. Auch Erwachsene sind oft kein gutes Vorbild. Essen wird in Familien immer mehr zur Nebensache und die Zeitung, das Buch, die Arbeit oder das Handy liegen mit auf dem Tisch. Damit geht der Genuss und auch das Gefühl, wann wir wirklich satt sind, verloren. Achtsam zu essen, wirkt sich hingegen positiv auf unsere Gesundheit und auf unseren Umgang mit Lebensmitteln aus.
Mit kleinen Übungen können Fachkräfte die Aufmerksamkeit der Kinder auf das Essen und die eigene Körperwahrnehmung lenken:

- Vor dem Essen: Sehe ich, wie der Dampf vom Teller aufsteigt? Kann ich das Gericht erschnuppern?
- Während des Essens: Wie schmeckt es mir? Welche Nahrungsmittel nehme ich zu mir? Kann ich ein besonderes Gewürz herausschmecken? Wie fühlen sich meine Mundhöhle und meine Kaubewegungen an? Verändert sich der Geschmack im Mund?
- Während und nach dem Essen: Wie ist das Gefühl im Bauch? Warm? Satt? Mehr als satt?

Achtsamkeitsübung mit einer Rosine

Durch diese Achtsamkeitsübung mit einer kleinen Rosine kann ein alltägliches Ritual wie das Essen auf ganz neue und intensive Art wahrgenommen werden (nach einer Idee von Ottendorfer 2016 und Snel 2013): Stell dir vor, du kommst von einem anderen Stern. Das Wort „Rosine" kennst du nicht, denn auf deinem Planeten gibt es keine Rosinen. Alles, was du jetzt erlebst, ist neu für dich!

Nimm eine Rosine in die Hand. Du siehst diese kleine braune Frucht zum allerersten Mal in deinem Leben. Welchen Eindruck macht sie auf dich? Wie liegt sie auf deiner Handfläche? Schau dir die Frucht ganz genau an und beschreibe, was du siehst. Jetzt kommen die anderen Sinne an die Reihe:

- Wie fühlt sich dieses seltsame Ding an? Zwischen den Fingern oder in deiner Hand? Fühlt es sich anders an, wenn du die Augen schließt? Wie ist es, wenn du die Frucht ein wenig zusammendrückst? Oder wenn du sie zwischen den Fingerspitzen drehst?
- Halte sie ans Ohr und hör genau hin. Macht die kleine Frucht ein Geräusch, wenn du sie drückst?
- Halt die Frucht an deine Nase: Wonach riecht sie?
- Halte sie an deine Lippen. Was fühlst du jetzt?
- Nimm sie in den Mund, ohne hineinzubeißen! Wie fühlt sich die Frucht im Mund an? Was spürst du mit deiner Zunge? Was passiert im Mund?
- Was passiert, wenn du endlich hineinbeißt? Was schmeckst du? Was spürst du?
- Zum Schluss schluckst du die Frucht. Spürst du sie in deinem Hals und dann in deinem Bauch? Wie geht es dir?

2.6 Mitmachangebote im Kita-Alltag

Kinder haben ein Recht auf Teilhabe und Mitbestimmung – und sie haben das Recht auf eine gesunde Ernährung und eine gesunde Umwelt. Diese Rechte lassen sich gemeinsam im Kita-Alltag umsetzen. Wissenschaftliche Studien bestätigen außerdem, was viele Eltern und Fachkräfte immer wieder erleben: Kindern essen gerne, wenn sie selbst mitbestimmen durften, was auf den Teller kommt. Wichtig ist auch, dass sie bei den Mahlzeiten selbst bestimmen dürfen, was und wie viel sie essen und trinken wollen. Kinder üben hier Demokratie mit dem Löffel und lernen etwas fürs Leben. Denn auch später werden sie jeden Tag selbst entscheiden müssen, was sie essen und trinken und wie viel. So lernen sie, für sich selbst Verantwortung zu übernehmen. Die wichtigsten Erfahrungen zur Ernährungsbildung sammeln Kinder, wenn sie selbst aktiv werden können und die Produktion von Nahrungsmitteln etwa bei einem Besuch auf einem Bauernhof direkt miterleben. Damit Partizipation und eine weltbewusste Ernährungsbildung langfristig gelingt, sollten Bildungsangebote rund ums Essen und Trinken aber nicht nur im Rahmen von einzelnen Projekten und Ausflügen umgesetzt werden, sondern vielmehr in der alltäglichen Kita-Praxis verankert sein. Ob Erntespiele, Massage-Geschichten zum Thema Essen oder Ratespiele: Kitas können das Thema Ernährung pädagogisch ganz unterschiedlich im Alltag umsetzen. Die folgenden Beispiele sollen Fachkräfte inspirieren, ihren eigenen Weg zu gehen – gemeinsam mit dem Team, den Kindern und ihren Familien.

Lebensmittel der Woche oder des Monats

Wählen Sie regelmäßig ein Lebensmittel der Saison bzw. Region aus und küren Sie es zum „Lebensmittel der Woche/des Monats". Die Kinder dürfen dafür natürlich Vorschläge machen und vielleicht sogar darüber abstimmen. Wählen die Fachkräfte ein Lebensmittel aus, können sie das Lebensmittel als Ratespiel vorstellen: „Unser Lebensmittel der Woche ist rot. Und es passt super zu Spaghetti" oder „Unser Lebensmittel der Woche mögen nicht nur Kinder gern, sondern auch Affen". Was wissen die Kinder bereits über dieses Nahrungsmittel? Kennen Sie es von zu Hause? Und welche Gerichte haben die Kinder damit schon einmal probiert? Verkosten Sie das Lebensmittel dann im Laufe der Woche bzw. des Monats in unterschiedlichen Zubereitungsarten.

Was gibt es heute Leckeres?

Vorfreude ist die schönste Freude! Rücken Sie das tägliche Essen für die Kinder und Eltern ins Rampenlicht: Präsentieren Sie die Zutaten für das Mittagessen z. B. auf einem Tisch, Regal oder auch in einer Vitrine im Eingangsbereich. Besonders einladend wirkt ein Korb mit kleinen Mengen der verwendeten Lebensmittel, Fachkräfte können aber auch Abbildungen von den einzelnen Lebensmitteln vorbereiten. Lassen Sie die Kinder und Familien dabei immer wieder raten, was die Küche wohl aus diesen Zutaten zubereiten wird. Wer errät das Gericht als Erstes?

Unsere Lieblingsrezepte

Gestalten Sie mit den Kindern und Familien gemeinsam ein Kochbuch oder eine Kochmappe mit Rezepten, die die Kinder besonders gerne mögen, oder mit Rezepten zu einem bestimmten Thema, Nahrungsmittel oder Projekt.

Story-Teller: Essensgeschichten entdecken

Das Essen auf unserem Teller kann uns Geschichten erzählen: Geschichten darüber, wie wir mit den Ressourcen unserer Erde umgehen, wie die Nahrungsmittel-Produzenten und -Produzentinnen leben, Geschichten über das Klima, über biologische Vielfalt und auch über uns selbst. Ob wir einen Krimi oder ein Drama vor uns haben oder eine Geschichte, die Mut macht und der Welt guttut, entscheiden wir selbst.

Der „Bananengürtel"

- Suchen Sie gemeinsam mit den Kindern nach den Geschichten auf dem Teller: Wo kommt die Banane aus meinem Obstsalat wohl her und welche spannenden Abenteuer hat sie schon erlebt? Wer hat die Banane gepflückt? Wie ist sie zu uns gereist? Gibt es Buchstabennudeln, die besser oder schlechter schwimmen können?
- Lebensmittel spielen in vielen Märchen und Geschichten eine Rolle. Überlegen Sie gemeinsam mit den Kindern, welche Lebensmittel ihnen dort schon begegnet sind. Oder forschen Sie mit den Kindern ganz gezielt nach bestimmten Nahrungsmitteln: In welchem Märchen kommen z. B. Äpfel, Brot oder Getreide vor?

Werfen Sie auch einen kritischen Blick auf die Bilderbücher in der Kita. Entsprechen sie dem Bild von Ernährung, Gesundheit, Nachhaltigkeit und Vielfalt, das Sie vermitteln wollen? Achten Sie dabei auf einen vorurteilssensiblen Umgang mit dem Thema Ernährung.

Hühner in der Kita

Besonders spannend für Kinder ist es, selbst Nutztiere zu halten. Hühner eignen sich dafür gut, da ihre Pflege nicht zu aufwendig ausfällt. Bei der Haltung erfahren Kinder schnell: Eier wachsen nicht im Supermarkt! Sie erleben hautnah mit, mit was ein Huhn gefüttert wird und wie oft es ein Ei legt. Indem sie sich regelmäßig um die Tiere kümmern und aktiv bei der Pflege beteiligt sind, lernen sie außerdem, Verantwortung zu übernehmen. Verschiedene Anbieter vermieten Hühner für eine bestimmte Zeit an Kitas und liefern das nötige Know-how und den Hühnerstall direkt mit (s. Surftipp).

Surftipp

Hühnerexperte Ralf-Wigand Usbeck bietet Kitas eine Hühnervermietung und Beratung zur Hühnerhaltung an.

www.mieteeinhuhn.de

2.7 Mit Essen spielt man nicht?

Nachhaltigkeit bedeutet, mit Ressourcen sorgsam umzugehen. Das heißt auch, dass Lebensmittelverschwendung in der Kita keinen Platz haben sollte. Gleichzeitig kann Essen aber auch wertvolles Potenzial für Bildungsangebote bieten, die Kindern Spaß machen und wichtige Kompetenzen fördern. Fachkräfte sollten darum immer abwägen, ob und wie sie Lebensmittel für spielerische oder kreative pädagogische Impulse einsetzen. Werden beispielsweise Lebensmittel für Kim-Spiele (Merk- und Wahrnehmungsspiele mit den verschiedenen Sinnen) oder Sortier- und Zählspiele verwendet, ist es wichtig, achtsam mit ihnen umzugehen. Fachkräfte sollten deshalb bevorzugt Obst oder Gemüse wählen, das sie nach dem Spiel gewaschen oder geschält mit den Kindern aufessen können. Lebensmittel, die z. B. aus hygienischen Gründen nicht mehr verwendet werden können, werden mit den Kindern zum Kompost gebracht.

Beachtet das Kita-Team Hygienevorschriften, verwendet Lebensmittel möglichst sparsam und bewusst und wird dies mit den Kindern besprochen, steht einer vielfältigen Verwendung nichts mehr im Weg.

Kreativ werden

Gemüsereste (z. B. Rote Bete, Blaukraut, Zwiebelschalen) eignen sich hervorragend zum Färben von Stoffen oder für Ostereier. Man kann damit auch Farben zum Malen herstellen. Insbesondere bieten sich dafür Lebensmittelreste (Schale, Abschnitt, Strunk) an. Mit Kartoffeln, Äpfeln, Zitrusfrüchten, Kiwis, Kohl, Karotten, Mais oder Rotkohl schaffen Kinder außerdem kleine Stempel-Kunstwerke. Im Optimalfall werden z. B. alte Kartoffeln für den Druck verwendet. Oder Sie lassen die Kinder eine Hälfte des Apfels essen und nutzen die zweite Hälfte für die Kreativaktion. Schneiden Sie am Ende immer die Farbfläche ab und kompostieren Sie den Rest.

Schwimmexperiment für Obst und Gemüse

Stellen Sie einen Korb mit unterschiedlichen Obst- und Gemüsesorten bereit. Sammeln Sie zuerst die Vermutungen der Kinder und lassen Sie die Lebensmittel dann baden gehen. Welche Erklärungen finden die Kinder dafür, dass manche schwimmen können und andere nicht? (Tipp: Wasser-, Luft- oder auch Zuckergehalt können eine Rolle spielen.) Nach dem Experiment können die verwendeten Lebensmittel gemeinsam verarbeitet und gegessen werden.

Surftipps

Knisternde Kartoffel, Rosinendisko, Knallerbsen: Viele aufregende Experimente aus der Küche finden Sie auf diesen beiden Websites:

www.haus-der-kleinen-forscher.de/*de/praxisanregungen/experimente-fuer-kinder*

www.kidsweb.de/*experi/experinh.htm*

3. Durch die Gesundheitsbrille

3.1 Gesundes Essen für Mensch und Erde

Das Recht auf eine gesunde Ernährung ist in der Kinderrechtskonvention festgeschrieben. Trotzdem sieht die Realität in Deutschland anders aus: Die Zahl der übergewichtigen Kinder steigt quer durch die ganze Gesellschaft. Fast 6 % sind adipös (fettleibig), rund 15 % der Kinder im Alter von 3 bis 17 sind übergewichtig. Die Ursachen dafür: falsche Ernährung und mangelnde Bewegung. Kinder essen deutlich zu wenig Obst und Gemüse und zu viel Fleisch- und Wurstprodukte sowie Süßes (vgl. Robert Koch-Institut 2018).

Die gute Nachricht: Es gibt eine Ernährungsweise, die nicht nur für uns Menschen gesund ist, sondern auch unserem Planeten guttut. Die renommierte EAT-Lancet-Kommission, ein 37-köpfiges Forschungsteam aus verschiedenen Disziplinen und Ländern, hat einen Speiseplan für eine gesunde und nachhaltige Ernährung entwickelt: die „Planetary Health Diet". Damit hat sie nicht nur eine wissenschaftliche Grundlage für einen Wandel des globalen Ernährungssystems geschaffen, sondern auch ein konkretes Ernährungsmodell, das die Gesundheit des Menschen und des Planeten gleichermaßen schützen soll. Denn um alle Menschen dieser Erde bis zum Jahr 2050 nachhaltig und gesund ernähren zu können, brauchen wir eine grundlegende Veränderung unserer Ernährungsweise. Diese beinhaltet im Wesentlichen:

- Der Konsum von Obst und Gemüse, Hülsenfrüchten und Nüssen muss ungefähr verdoppelt werden, der Verzehr von Fleisch und Zucker dagegen halbiert.
- Die Lebensmittelproduktion muss verbessert und Lebensmittelabfälle müssen reduziert werden.

Dieser Speiseplan erlaubt, bis zum Jahr 2050 etwa 10 Milliarden Menschen auf der Erde gesund zu ernähren, ohne den Planeten zu zerstören (vgl. EAT 2018).

Auch Bio-Lebensmittel vereinen Kinder- mit Planetengesundheit. Immer mehr Einrichtungen setzen darum auf eine natürliche, vollwertige und biologische Verpflegung für Kita-Kinder. In Bremen und Reutlingen in Baden-Württemberg steht beispielsweise die Stadtverwaltung als Träger dahinter, in München hat die Organisation Tollwood mit dem Projekt „Bio für Kinder" gezeigt, was möglich ist. Häufig setzen engagierte Kita-Leitungen, Kita-Teams oder Eltern den ersten Impuls. Aber auch die Cateringfirma oder ein größeres Projekt der Kommune können also den Anstoß für die Veränderung geben. Für den Weg zu einer nachhaltigeren und gesunden Verpflegung bietet das Projekt „Bio kann jeder" Beratung und Unterstützung (s. S. 69).

3.2 Nährstoffe, die Kinder wachsen lassen

Gesunde Ernährung ist kein neues Thema für die pädagogischen Fachkräfte in der Kita. Seit vielen Jahren vermitteln sie Kindern, was sie zum Wachsen brauchen und dass ihnen zu viel Süßes nicht guttut. Die Einrichtungen gestalten Elternabende zum Thema Ernährung, organisieren Kochangebote für Familien oder führen Gespräche, wie Eltern ein gesundes Frühstück für die Kinder zubereiten können.
Denn mit einem abwechslungsreichen Essen und einer alltagstauglichen Ernährungsbildung für Kinder und Familien in der Kita bieten Fachkräfte die besten Voraus-

Nahrung für Körper, Geist und Seele

Kinder brauchen viele Nährstoffe zum Wachsen. Das bedeutet, dass sie einen sehr hohen Energie- und Nährstoffbedarf in Relation zu ihrem Körpergewicht haben. Die notwendigen Bausteine für das Wachstum liefert eine vollwertige, natürliche und ausgewogene Ernährung: Kohlenhydrate, Fette, Eiweiß, Vitamine und Mineralstoffe. Aber Nahrung wirkt sich nicht nur auf die Körperentwicklung aus. Was und wie Kinder essen, hat auch Auswirkungen auf den Geist (Konzentration, Lern- und Leistungsfähigkeit) und sogar die Psyche (Gefühle und Immunsystem). Eine gesunde Ernährung hat also viele Facetten. Es geht nicht nur um die Aufnahme von einer bestimmten Menge an Energie in Form von Kalorien – das „Wieviel". Es geht auch um das „Was" (Zusammensetzung und Nährstoffe), um das „Wann" (Verteilung der Mahlzeiten über den Tag) und um das „Wie" (Atmosphäre, Umgebung und soziale Faktoren).

setzungen für ein selbstbestimmtes und gesundes Heranwachsen – unabhängig vom sozioökonomischen Status, vom kulturell-ethnischen Hintergrund oder anderen Bedingungen, die Ursache für Ungleichheit sein können. Alle Kinder bekommen so eine gute Basis für ein selbstbestimmtes, gesundes und verantwortungsbewusstes Leben.

3.3 Ein Bild sagt mehr als tausend Worte

Grafische Modelle veranschaulichen für Groß und Klein, was gesunde Ernährung bedeutet. Für die Ernährungsberatung oder die Bildungsarbeit mit Kindern, Jugendlichen und Erwachsenen bieten sich etwa die Ernährungspyramide oder der Ernährungskreis an. Da sich die Empfehlungen rund um eine gesunde und ausgewogene Ernährung aber immer wieder verändern, sollten Fachkräfte stets die aktuellen Empfehlungen im Blick behalten. Beispielsweise enthalten nicht alle Abbildungen von Ernährungsmodellen Nüsse bzw. Hülsenfrüchte. Vielmehr sind Nüsse oft im Obst „versteckt" und Hülsenfrüchte im Gemüse. Für eine ausgewogene und nachhaltige Ernährung sind aber gerade diese Lebensmittelgruppen sehr wichtig.
Ein besonders ansprechendes Modell für Kinder ist der Ernährungsbaum, wie er sich in den Bildungsmaterialien des Kita-Projekts „Bis auf den letzten Krümel" vom Berliner Verein „Restlos Glücklich" findet (s. Surftipp).

Surftipp

Auf der Website **Bis auf den letzten Krümel** stehen Bastelvorlagen für einen Lebensmittelbaum (statt Ernährungspyramide) sowie Erklärungen dazu als Download bereit.
www.restlos-gluecklich.berlin/
kitaprojekt/digitalekruemelkiste

Ernährungspyramide und Co. basteln

Sammeln Sie Zeitschriften und Werbeprospekte mit abgebildeten Lebensmitteln oder fotografieren Sie mit den Kindern Obst, Gemüse, Getreide, Käse, Eier, Fleisch usw. auf dem Markt, im Dorfladen oder im Supermarkt. Jetzt können Sie mit den Kindern Ihre eigene Lebensmittelpyramide oder einen Ernährungsbaum basteln!
Gestalten Sie mit den Kindern auch einen Saisonkalender. Dieser hilft den Kindern dabei, einen guten Überblick über die Vielfalt an Speisen und über das Angebot an erntefrischen Produkten rund ums Jahr zu bekommen (s. Kap. 5.3).

Alles steht Kopf – Elternabend zur Ernährungspyramide

Eltern wollen für ihre Kinder das Beste. Doch beim Thema Ernährung liegen Wunsch und Wirklichkeit oft weit auseinander: entweder weil Eltern sich mit dem Thema nicht gut genug auskennen und z. B. viel zu fleischlastig kochen oder weil sie im Alltag unter einem hohen Zeitdruck stehen und daher häufig zu Fertigprodukten greifen. In vielen Convenience-Produkten verstecken sich Zucker, Fette und ungesunde Zusatzstoffe. Dadurch wird die Nahrungsmittelpyramide auf den Kopf gestellt. Um das zu verdeutlichen, können Fachkräfte in der Zusammenarbeit mit Eltern mit folgender Grafik arbeiten:

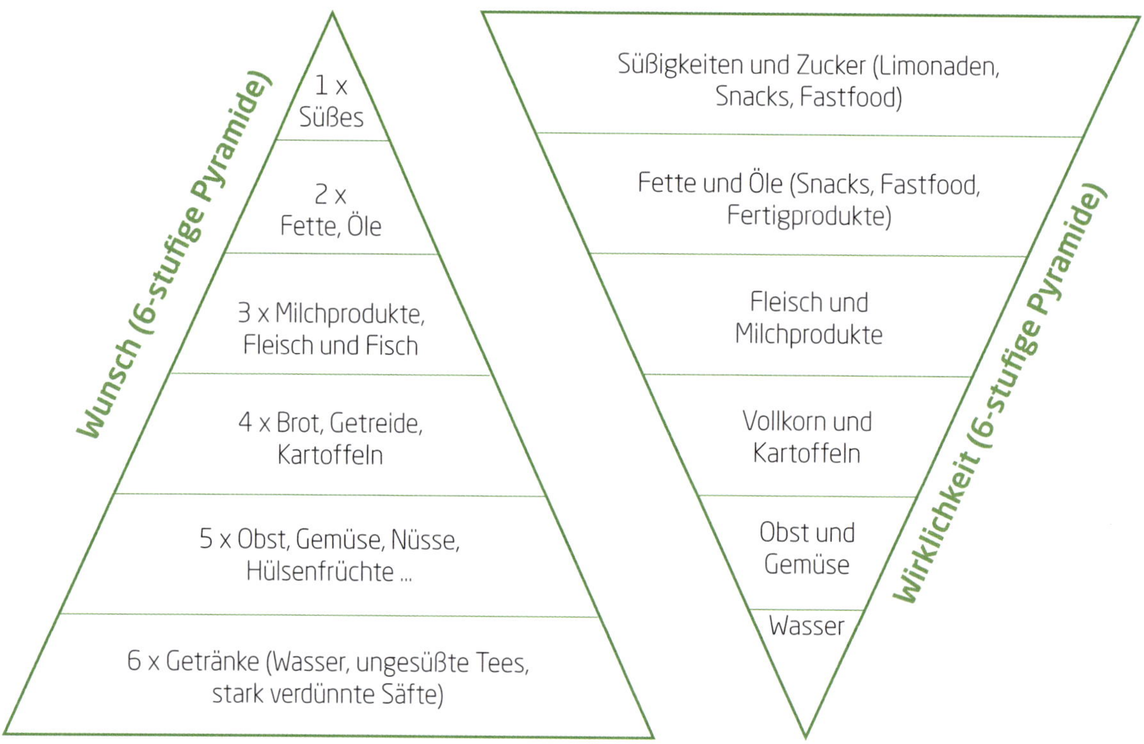

Entspricht die Ernährung in der Familie und in der Kita eher dem Wunsch oder der Wirklichkeit? Und was können wir gemeinsam tun, damit die Pyramide nicht mehr Kopf steht? Das Ernährungseinmaleins bietet dabei hilfreiches Hintergrundwissen.

Das Ernährungseinmaleins

Elena erklärt daheim stolz die Essregeln, die sie in der Kita kennengelernt hat: *„Fünf am Tag – so heißt die Goldene Regel. Also drei Hände voll Gemüse und zwei Hände voll Obst und Nüsse. Und beim Trinken sind es sechs Hände voll. Aber dann im Glas. Beim Gemüse gelten auch Gemüsesticks oder Erbsen. Die schmecken lecker! Ein bisschen naschen darf ich auch – eine Handvoll! Schade, dass meine Hände nicht so groß sind wie die von Papa. Weil bei mir passt gar nicht so viel rein ..."*

Das einfachste und beste Maß für die Portionsgröße ist die Größe der Hand: Ein kleines Kind braucht eine kleinere Portion, ein größeres Kind eine größere. Die Nahrungsmenge wächst so automatisch mit dem Kind und dessen Bedarf an Nährstoffen und Energie. Die Handgröße gilt jedoch nur als grobe Orientierung: Kinder, die sich viel bewegen und sehr aktiv sind, brauchen ggf. etwas mehr.

Trinken - „6 am Tag"

Kinder sollten am Tag 6 Gläser zu sich nehmen. Im Idealfall trinken sie (Leitungs-) Wasser, denn Wasser ist der beste Durstlöscher (s. Kap. 7.2). Aber auch ungesüßte Kräuter- oder Früchtetees (z. B. aus eigener Produktion) sind bei Kindern beliebt. Wenn Limonaden oder Säfte zum Einsatz kommen, dann nur selten und stark verdünnt. Säfte bringen den Blutzuckerspiegel durcheinander und sind schlecht für die Zähne.

Obst, Gemüse, Nüsse, Samen, Hülsenfrüchte - „5 am Tag"

Damit Kinder ausreichend Nährstoffe erhalten, sollten sie 5 abwechslungsreiche Portionen aus dieser Gruppe zu sich nehmen. Beispielsweise können sie 2 Portionen Obst oder 2 Portionen Nüsse sowie 3 Portionen Gemüse bzw. Hülsenfrüchte über den Tag verteilt essen. Obst und Gemüse stecken voller Vitamine, Mineralstoffe, Ballaststoffe und sekundärer Pflanzenstoffe. Wenn wir einen zukunftsfähigen Teller zaubern wollen, müssen aber auch Nüsse und Hülsenfrüchte in Zukunft eine wichtigere Rolle in unserem Speiseplan spielen. Diese sind nicht nur eine wichtige pflanzliche Eiweißquelle, sondern auch ein wichtiger Baustein für Nachhaltigkeit. Je bunter die Mischung der ausgewählten Produkte ausfällt, umso vielfältiger sind die Nährstoffe für den Körper.

Brot, Getreide und Kartoffeln - „4 am Tag"

Getreideprodukte und Kartoffeln liefern viele Kohlenhydrate und Energie. Sie enthalten hochwertiges Protein, Vitamine, Mineralstoffe, Ballaststoffe und sekundäre Pflanzenstoffe. Das gilt ganz besonders für Vollkornprodukte (Brot und Beilagen), denn Weißmehl enthält fast keine Nährstoffe mehr. Für Brot gilt die gesamte Handfläche als Maß, für Kartoffeln, Nudeln oder Müsli eine Schale aus beiden Händen.

Tierische Lebensmittel - „3 am Tag"

Zu den tierischen Lebensmitteln zählen Milchprodukte, Eier, Fleisch und Fisch. Milch und Milchprodukte enthalten neben Eiweiß viel Calcium. Fleisch liefert Proteine, B-Vitamine, Eisen und Zink. Fisch enthält Proteine und Omega-3-Fettsäuren. Aber Vorsicht: Tierische Lebensmittel können im Übermaß auch schädlich wirken. Die aktuelle Maßgabe der DGE lautet darum: „Weniger Fleisch und Fisch!" Fleisch und Fisch können zudem auch gänzlich durch pflanzliche Eiweißquellen ersetzt werden.

Fette und Öle - „2 am Tag"

Fette und Öle liefern uns jede Menge Energie und essenzielle Fettsäuren, die vom Körper nicht selbst produziert werden können. Kinder und Erwachsene sollten besonders zu hochwertigen, ungesättigten und pflanzlichen Ölen, wie z. B. Rapsöl (1 Portion = 1–2 EL), greifen.

Süßigkeiten - „1 am Tag"

Bei Süßigkeiten lautet das Motto: Weniger ist mehr! Auch sollten Kinder lieber einmal pro Tag einen Nachtisch bekommen als mehrmals über den Tag eine kleine Süßigkeit.

3.4 Zwischenmahlzeiten und Naschen

Kinder haben eigentlich noch ein gutes Gespür dafür, wann sie etwas zu essen brauchen. Aber durch häufiges Naschen können sie ihren inneren Kompass verlieren. Dauersnacken ist darum eine sehr ungesunde Angewohnheit. Außerdem enthalten die Snacks, die die Lebensmittelindustrie für Kinder anpreist, meist zu viel Zucker, Fett und leere Kohlenhydrate. Durch sie fährt der Blutzuckerspiegel Achterbahn und die Zahngesundheit leidet. Da sich Kinder schnell an den Geschmack industrieller Produkte gewöhnen, können unverfälschte, gesunde Lebensmittel schwer mithalten. Fixe Essenszeiten strukturieren so nicht nur den Tag, durch sie wird auch ein Dauernaschen vermieden.

Neben möglichst unverarbeiteten Lebensmitteln sollten Fachkräfte darauf achten, dass Kinder bei den geplanten Zwischenmahlzeiten etwas zum Kauen bekommen. Denn das Kauen trainiert die Mundmotorik und ist gut für die Sprachentwicklung. Obst- und Gemüsesticks bieten sich darum besonders als Snack an, Quetschis und Co. sind hingegen wenig hilfreich.

3.5 Vegetarische Ernährung

Immer mehr Kitas und Familien setzen auf eine vollwertige vegetarische Ernährung mit einem großen Anteil an frischen Bio-Lebensmitteln – und zwar selbst gekocht. Dafür sprechen einige Gründe (vgl. Landeszentrum für Ernährung Baden-Württemberg 2019):

- Eine vollwertige, vegetarische Ernährung ist gesund und beugt Krankheiten vor: Vegetarier und Vegetarierinnen sind seltener übergewichtig und haben damit ein geringeres Risiko für Diabetes, Bluthochdruck oder Herzprobleme.
- Der Verzicht auf Fleisch und Fisch und die Reduktion von tierischen Lebensmitteln ist gut für das Klima (weniger CO_2), verbraucht weniger Fläche und Wasser und andere Ressourcen.

- Eine vegetarische Küche ist wesentlich kostengünstiger, selbst wenn man ausschließlich auf Bio-Lebensmittel zurückgreift. Es gibt bereits biozertifizierte Kita-Küchen, die die Vollverpflegung ihrer Kinder zu ganz normalen Preisen anbieten können.
- Mit vegetarischem Essen ist es einfacher, die Anforderungen unterschiedlicher kultureller oder religiöser Ernährungsregeln zu erfüllen. Außerdem sind die Auflagen des Gesundheitsamts für Kita-Küchen, die Fleischgerichte anbieten, wesentlich strenger.
- Da das Ernährungsverhalten maßgeblich in der frühen Kindheit geprägt wird, kann eine ausgewogene, vegetarische Kost in der Kita dazu beitragen, auch im späteren Leben einen gesunden Ernährungsstil beizubehalten und neuen Lebensmitteln offen zu begegnen.

Doch auch wenn gute Gründe für dieses Ernährungskonzept sprechen, gelingt eine Umstellung auf (überwiegend) vegetarische Kost nicht von heute auf morgen. Nicht selten äußern Eltern Bedenken, dass eine fleischlose oder fleischarme Ernährung ihren Kindern nicht die nötigen Nährstoffe bietet. Nur wenn Fachkräfte und externe Ernährungsexperten und -expertinnen im Voraus das Gespräch suchen, können Missverständnisse und Vorbehalte ausgeräumt werden. So besteht vegetarische Kost z.B. aus wesentlich mehr als Pfannkuchen, Grießbrei oder Nudeln. Mit einem offenen Dialog, gemeinsamen Kochaktionen und einem schrittweisen Vorgehen steht einer fleischarmen oder rein vegetarischen Kita nichts mehr im Weg.
Mittlerweile gibt es in Deutschland sogar die ersten Kitas mit veganer Verpflegung. Dass sie nicht nur von Kindern aus vegan lebenden Familien besucht werden, sondern auch von anderen Familien, die das zubereitete Essen schätzen, ist eine spannende Entwicklung.

Lesetipp

Gesund und nachhaltig kochen in der Kita von Silvia Popp ist ein Ratgeber, der pädagogischen Fachkräften zeigt, wie eine zukunftsfähige Küche kinderleicht gelingen kann. Von Hinweisen zur Kücheneinrichtung über Tipps zu Finanzen, Speiseplanung, Einkauf und Logistik bis hin zur Essenspädagogik leitet sie Fachkräfte zur erfolgreichen Umstellung auf eine vollwertige, biologische und vegetarische Küche in der Kita an. 100 Lieblingsrezepte der Kinder laden dazu ein, direkt zu starten. Erhältlich bei: **https://gesund-kochen-in-der-kita.de/**

Veggie-Pyramide

Vergleichen Sie mit den Kindern die klassische Lebensmittelpyramide für Allesessende (omnivor) mit der Lebensmittelpyramide für eine vegetarische Ernährung. Was fällt den Kindern auf? Nehmen Sie gemeinsam mit den Kindern den eigenen täglichen Speisplan unter die Lupe: Welche Lebensmittel essen die Mädchen und Jungen gerne? Fehlen in der Pyramide oder in den Kita-Gerichten leckere Lebensmittel? Woran erkennen wir gesunde und ungesunde Lebensmittel? Sammeln Sie Ideen für eine abwechslungsreiche vegetarische Ernährung, die den Kindern und dem Planeten guttut.

3.6 Hygiene in der Küche

Nicht erst seit der Corona-Krise haben Hygienekonzepte in der Kita einen festen Platz. Besonders beim Umgang mit Lebensmitteln müssen Fachkräfte unbedingt auf eine saubere Umgebung und hygienische Arbeitsabläufe achten. Folgende Leitlinien helfen dabei, die Küche zu einer sicheren Umgebung zu machen (vgl. Sarah Wiener Stiftung 2019):

- **Hände waschen:** Gründlich mit Seife und unter fließendem Wasser abspülen – auch nach dem Besuch der Toilette und dem Naseputzen.
- **Niesen und Husten:** Niemals aufs Essen und immer in die Armbeuge!

- **Kranke Kinder:** Ansteckende Kinder oder Kinder mit offenen Wunden an Händen und Unterarmen dürfen beim Zubereiten nicht helfen. Für kleinere Verletzungen gilt: wasserdichtes Pflaster aufkleben und einen Plastikhandschuh darüberziehen.
- **Kleidung:** Jedes Kind sollte eine saubere Kochschürze oder ein sauberes großes T-Shirt tragen. Lange Haare bitte zusammenbinden und lange Ärmel hochkrempeln. Eine Kopfbedeckung ist sinnvoll.
- **Kühlkette:** Bei kühlbedürftigen oder gefrorenen Lebensmitteln unbedingt die Kühlkette einhalten. Leicht verderbliche Lebensmittel wie Hackfleisch oder rohe Eier sollten Kinder nicht zubereiten.
- **Naschen:** Probieren ist selbstverständlich erlaubt, wenn mit einem größeren Löffel die Speise auf den eigenen Löffel gegeben wird. Beim Backen werden Teige ohne Ei empfohlen.
- **Arbeitsplatz sauber halten:** Gehen Sie mit gutem Beispiel voran und zeigen Sie den Kindern, wie man den Arbeitsplatz in der Küche sauber hält.
- **Nach der Zubereitung:** Lebensmittel zügig verzehren.

Surftipp

Weitere Tipps von der Rezeptauswahl bis zum Umgang mit Geflügel erhalten Fachkräfte im kostenlosen Merkblatt **Gute Hygienepraxis beim pädagogischen Kochen mit Kindern,** das die Sarah Wiener Stiftung mit der amtlichen Lebensmittelüberwachung aller Bundesländer abgestimmt hat.

www.sw-stiftung.de/*fileadmin/content/00_startseite/03_Projekte/190802_SWS_Merkblatt_gute_Hygienepraxis_Online.pdf*

4. Durch die kulturelle Brille

4.1 Du bist, was du isst

In den meisten Kulturen sind Mahlzeiten ein wichtiges und festes Ritual. Denn Essen macht uns nicht nur satt. Essen bedeutet Gemeinschaft, Sicherheit, Heimat, Identität. Auch haben in allen Kulturen und Religionen Feste und Feiern einen Platz. Da diese eine Vielfalt an Anknüpfungspunkten für Gespräche rund um Lebensmittel und Gewürze, Traditionen und Geschmack bieten, eignen sie sich besonders für eine genussvolle Bildungsarbeit zum Thema Ernährung.

Gemeinsames Kochen und Essen öffnet die Tür für eine wertvolle Begegnung auf Augenhöhe. Fachkräfte sollten Aktionen wie diese darum nutzen, um miteinander ins Gespräch über Traditionen zu kommen. Familienrezepte bieten Anlässe, um in fremde Kochtöpfe zu blicken, andere Bräuche und Sitten zu entdecken und voneinander zu lernen.

Aber auch in der täglichen Verpflegung haben Speisen und Gerichte aus anderen Kulturen einen Platz im Speiseplan. So lernen die Kinder neue Geschmacksrichtungen kennen und erfahren, was Kinder in anderen Teilen der Welt essen. Dabei entdecken sie Gemeinsamkeiten und Unterschiede. Beispielsweise haben die Kinder vom Kindergarten Bollingen auf der Schwäbischen Alb beim Besuch vom „Hope Theatre Nairobi“ aus Kenia erfahren, dass kenianische Kinder gerne Linsen essen, so wie sie selbst. Allerdings isst man die Linsen dort nicht mit Spätzle, sondern mit Ugali, einem Maisbrei. Die Kinder haben bei diesem Besuch außerdem gelernt, dass es Kochbananen gibt, die gar nicht süß schmecken.

Reise um die Welt

Mit einer Reise um die Welt kann das Kita-Team mit den Kindern spielerisch in unterschiedliche Ess-, Tisch- und Kochkulturen eintauchen: Wie wäre es z. B. mit einem

Zwischenstopp in Marokko? Dazu decken die Kinder feierlich auf einem Tuch oder Teppich am Boden ein, trinken Minztee und sitzen auf gemütlichen Polstern. Indem Sie neue Gewürze und Rezepte verwenden, duftet es in der Kita für die meisten Kinder nach einer ganz neuen Welt. Besonders bei Familien mit Migrationshintergrund lohnt es sich, vor diesem Projekt Kontakt zu den Eltern zu suchen. Bestimmt finden sich dort Experten und Expertinnen für eine aufregende, kulinarische Reise.
Natürlich werden auch die Kinder ins Vorbereiten und Kochen einbezogen. Beim Brotbacken, Gemüseschnippeln oder Mörsern von Gewürzen gibt es für alle genug zu tun. Dabei lernen sie auch ganz unterschiedliche Kochwerkzeuge kennen, wie Getreidemühle, Tajine, Wok, Bambusmatte, Spätzlepresse u. v. m. Ein besonderes Highlight entsteht, wenn auch unterschiedliche Esswerkzeuge zum Einsatz kommen. Mit Stäbchen, mit der Hand, mit Fladenbrot, mit einem geschnitzten Holzlöffel lernen Kinder so beim Genießen verschiedene Kulturen kennen.

Lesetipps

Die zwei Fotografen Gregg Segal und Peter Menzel haben unabhängig voneinander mit ihrer Kamera auf Teller in aller Welt geschaut. In ihren Fotoprojekten haben sie auf sehr eindrückliche Art festgehalten, was Familien rund um den Globus essen und trinken. Die Fotos zeigen die kulturellen Unterschiede und wie gesund oder ungesund Erwachsene bzw. Kinder essen und trinken.

Gregg Segal (2020): Über den Tellerrand. Was Kinder hier und anderswo essen. *Stuttgart: Gabriel Verlag*

Peter Menzel/Faith D'Aluisio (2006): Hungry Planet. What the World eats. *Berkeley: Material www.menzelphoto.com » Hungry Planet Portrait Gallery (dt. Ausgabe „So essen sie! Fotoportraits von Familien aus 15 Ländern" oft in der Bücherei ausleihbar)*

4.2 Gemeinschaftserlebnis Kochen

Kochen macht besonders viel Spaß, wenn es gemeinsam stattfindet. Laden Fachkräfte die Eltern ein, können sie Besonderheiten und Spezialitäten aus ihrer Region oder Kultur in der Kita vorstellen. Bei einem gemeinsamem Kochabend mit den Familien lernen sich alle ganz ungezwungen kennen und erhalten einen genussvollen Einblick in unterschiedliche Lebenswelten. Zwischendurch werden Rezepte ausgetauscht oder Ideen für ein gesundes Frühstück für die Kinder. Das gemeinsame Zubereiten bietet außerdem viele Gelegenheiten, um ganz verschiedene Kochorte, Küchengeräte und Kochwerkzeuge kennenzulernen – aus aller Welt oder aus früheren Zeiten.

Küchenvielfalt

Feuer und Stockbrot, Solarkocher, Reiskörbchen aus Bambus – es gibt ganz verschiedene Arten zu kochen. Und viele davon kennen Kinder bereits aus ihren Familien. Statt langweilig in Töpfen und Pfannen in der Küche zu kochen, können Kinder in der Kita neue und alte Kocharten, aus der Heimat oder anderen Regionen ausprobieren. Kochen Sie z. B. auf offenem Feuer, auf Holzöfen, auf elektrischen Herdplatten, mithilfe von magnetischen Wellen (Mikrowelle und Induktion), mit der Kraft der Sonne, an der Luft, in der Erde, in der Kochkiste oder im Kochsack – und vielleicht sogar unter der Bettdecke. Ganz nebenbei ergeben sich dadurch zahlreiche Bildungsanlässe zum Thema Energieressourcen und Umwelt.

Zeitreise

Rührgerät, elektrischer Backofen oder Mixer: Sie alle sind in der Küche sehr praktisch. Aber wie haben die Menschen gekocht, bevor es Strom gab? Spannende kulturelle Einblicke ergeben sich, wenn die Kinder mit Fachkräften eine Küchen-Zeitreise machen und traditionelle Rezepte mit alten Geräten kochen. Eine manuelle Flockenquetsche, eine Flotte Lotte, ein gusseisernes Waffeleisen, eine Balkenwaage oder ein Handrührgerät zum Kurbeln lassen Kinder staunen und laden zum Mitkochen ein!

5. Durch die ökologische Brille

5.1 Ökologischer Fußabdruck auf dem Teller

Wir Menschen hinterlassen deutliche Fußspuren auf unserem Planeten – mit allem, was wir tun, mit allem, was wir konsumieren, und mit allem, was wir essen und trinken. Anders als unsere Fußspuren am Strand ist unser ökologischer Fußabdruck nicht vergänglich. Im Gegenteil: Unsere ökologischen Spuren haben rund um den Globus weitreichende Folgen für das Leben anderer Menschen im Hier und Jetzt und für kommende Generationen.

Der ökologische Fußabdruck berücksichtigt alle natürlichen Rohstoffe, die wir zum Essen, Wohnen, Reisen etc. verbrauchen. Ebenso braucht die Natur Ressourcen, um unsere Abfälle abzubauen (z. B. Wälder, um das CO_2 zu binden). Der ökologische Fußabdruck errechnet, wie viel Fläche wir für all dies beanspruchen. Diese Fläche wird in der Einheit „globale Hektar" gemessen.

Teilt man die Biokapazität der gesamten Erde durch die Anzahl der Menschen, stehen jeder Person auf der Erde 1,6 globale Hektar zur Verfügung. Jeder und jede Deutsche braucht aber im Durchschnitt 4,8 globale Hektar. Wenn alle Menschen auf der Welt so viel Ressourcen verbrauchen würden wie in Deutschland, würde unser Planet also nicht ausreichen – dann bräuchten wir drei Erden (vgl. Brot für die Welt 2020)! Die Vorstellung der drei Erden kann in der Kita als Ausgangspunkt dienen, um sich dem Thema Ressourcenverbrauch zu nähern. Was können wir tun, damit eine Erde für alle Menschen reicht?

Auch die globale Lebensmittelproduktion wirkt sich auf das gesamte Ökosystem unseres Planeten aus. Wir nutzen heute rund 40 % der Landflächen für die Landwirtschaft (vgl. Markert 2019), die Lebensmittelproduktion ist verantwortlich für bis zu 30 % der Treibhausgasemissionen und verbraucht 70 % des weltweit verfügbaren Süßwassers (vgl. Weltagrarbericht o. J.). Energie und Ressourcen zu sparen, beginnt daher schon bei ganz kleinen Küchentricks, z. B., indem man den Deckel auf den Topf setzt und nur die Menge Wasser im Wasserkocher erhitzt, die man auch wirklich braucht.

Die Welt ist erschöpft!

Wann haben die Kinder sich zuletzt erschöpft gefühlt? Vielleicht nach einem Vormittag, an dem sie viel getobt haben? Auch die Erde ist erschöpft, und zwar nicht erst am Ende des Jahres, sondern schon im Sommer. Jahr für Jahr verbrauchen wir zu viele Ressourcen und leben auf Kosten künftiger Generationen. Jedes Jahr rückt der alljährliche „Welterschöpfungstag" weiter nach vorn. Erst seit der Coronakrise ist die Erde wieder etwas später erschöpft: 2021 sind am 22. August alle Ressourcen verbraucht, die die Erde innerhalb eines Jahres wiederherstellen kann (vgl. WWF Deutschland 2021).

Was hat den Kindern geholfen, wieder fit zu werden? Vielleicht eine kurze Verschnaufpause oder ein gutes Essen? Mit unserer Ernährung können wir der Erde helfen, dass sie weniger schnell erschöpft ist. Wenn wir den globalen Fleischkonsum halbieren, gewinnen wir 5 Tage, wenn wir die Lebensmittelverschwendung um etwa 50 % reduzieren, weitere 11 Tage (vgl. ebd.). Welche Ideen haben die Kinder z. B., dass weniger Essen im Müll landet? Welche Ideen haben sie, um die Erde wieder fit zu bekommen?

MACH MIT!

Seit fast zwanzig Jahren sammeln jedes Jahr Tausende Kita- und Schulkinder Grüne Meilen für das Weltklima. Zu diesen zählen alle Wege, die die Kinder im Alltag zu Fuß, mit dem Fahrrad oder mit (Straßen-)Bahn und Bus in einer Aktionswoche zurücklegen. Alle Meilen werden vom Klimabündnis gesammelt und symbolisch bei der Klimakonferenz übergeben. Gehen Sie z. B. mit den Kindern zu Fuß zum Einkaufen und geben Sie fürs Klima Gas.

www.kindermeilen.de

5.2 Sichtbares und unsichtbares Wasser

Drei Viertel der Erde sind mit Wasser bedeckt und dennoch ist Wasser nicht im Überfluss vorhanden. Im Gegenteil: In vielen Regionen der Erde ist Trinkwasser ein kostbares Gut. Darum müssen wir bewusst und sorgsam mit diesem wertvollen Schatz umgehen.
Jede und jeder von uns verbraucht im Durchschnitt rund 120 Liter „sichtbares" Wasser am Tag zum Kochen, Trinken, Spülen, Wäschewaschen, Duschen und Baden, für die Toilettenspülung usw. Doch das ist nur ein sehr geringer Teil unseres tatsächlichen Wasserverbrauchs. In Wirklichkeit verbrauchen wir viel mehr Wasser: etwa 4.000 Liter Wasser pro Person und Tag, also rund 25 Badewannen (vgl. Ernährungsberatung Rheinland-Pfalz o. J.).
Dieses Wasser versteckt sich in den Dingen, die wir täglich konsumieren und benutzen. Da man dieses Wasser nicht sieht, spricht man von „virtuellem" Wasser. Doch das virtuelle Wasser, das wir mit den Produkten aus anderen Ländern importieren, fehlt dort, wo Wasser sowieso schon knapp ist. Auch in den Lebensmitteln, die wir essen, stecken Unmengen von virtuellem Wasser. Vom Gießen über den Transport und die

Wie viel virtuelles Wasser enthalten unsere Lebensmittel?

Lebensmittel	Liter virtuelles Wasser
1 Tomate	13
1 kleiner Apfel (100 g)	70
1 kg Möhren	130
1 Tasse Kaffee	140
1 Glas Apfelsaft	190
1 Ei	200
1 Glas Milch (200 ml)	200
1 kg Kartoffeln	250
1 Hamburger	2.400
1 kg Schweinefleisch	4.800
1 kg Rindfleisch	15.455

Quelle: Ernährungsberatung Rheinland-Pfalz (Hrsg.) (o. J.)

Kühlung bis zu Verpackung – all das verbraucht die wertvolle Ressource. Mit unserer Ernährung hinterlassen wir also einen Wasser-Fußabdruck auf der ganzen Welt.

Wasserexperiment

Stellen Sie ein kleines Glas Wasser auf den Tisch. Was sehen Sie und die Kinder? Natürlich, ein Glas Wasser! Nun trinkt eines der Kinder dieses Wasser. Ist das Wasser jetzt noch sichtbar? Nein! Aber das Wasser in dem Wasserglas hat sich nicht in Luft aufgelöst. Wir können es nur nicht mehr sehen, da es nun im Körper eines Kindes steckt. Als Teil des Körpers ist es jetzt für andere Zwecke nicht mehr verwendbar.
So ist es auch mit dem virtuellen Wasser: Wenn in Spanien die Tomaten und Erdbeeren gegossen werden, die wir bei uns im Supermarkt kaufen, fehlt das Wasser dort. (Weitere Impulse zum Thema Wasser finden Sie in Kap. 7.2.)

5.3 Mit regionalen Lebensmitteln gegen den Klimawandel

Die Erde hat Fieber! Dafür, dass sich das Klima auf unserer Erde rasant verändert, sind wir Menschen mitverantwortlich. Unsere Ernährung hat dabei einen großen Einfluss: Kühe pupsen, Lebensmittel reisen rund um die Welt und Regenwald wird abgeholzt, um Platz für Weideflächen für Rinder zu schaffen oder für den Anbau von Futtermittel (vor allem Soja für die Schweinemast).
In Deutschland verursacht im Jahr jeder Mensch ungefähr 11 Tonnen CO_2 – für Heizung, Licht und Strom, privaten Konsum, Ernährung und die Mobilität. Und während wir allein durch unsere Ernährung 1,5 Tonnen verbrauchen, verursacht ein Mensch in Indien für seinen gesamten Lebensstil nur knapp die gleiche Menge) CO_2-Emissionen. Trotzdem sind es die ärmeren Länder, die die katastrophalen Auswirkungen des Klimawandels am deutlichsten zu spüren bekommen.
Zum Glück sind viele gesunde Lebensmittel auch gut fürs Klima. Hierzulande können wir aus einer riesigen Auswahl an heimischem Obst und Gemüse wählen. Zu den regionalen Klimahelden zählt alles, was in der entsprechenden Jahreszeit unter freiem Himmel in der Region wächst. Da Lebensmittel aus der Region keine langen Transportwege hinter sich haben, sparen sie CO_2 und sind klimafreundlich. Außerdem profitieren die (oft kleinen) Produzenten und Produzentinnen davon, wenn wir Lebensmittel vom Markt oder vom Bioladen nebenan kaufen.

Beim Bärlauchpflücken

Surftipp

Auf der Plattform **Mundraub** können Sie mit den Kindern essbare Landschaften in der Nähe entdecken und nutzen. Dort sind derzeit über 61.000 Standorte von Obstbäumen, -sträuchern, Kräutern und Nüssen markiert, an denen Sie kostenlos ernten dürfen.

https://mundraub.org/

Erntefrisch auf den Tisch – Saisonkalender

Saisonale Lebensmittel, die auf heimischen Feldern, Streuobstwiesen und Gärten im Freiland wachsen, werden reif geerntet und landen ganz frisch auf unseren Tellern. Dadurch haben sie besonders viele Vitamine, Nährstoffe, Geschmack und Aroma. Um mit gutem Gewissen einzukaufen, brauchen Kita und Familien auch nicht unbedingt einen dicken Geldbeutel. Da regionale Freiland-Lebensmittel weniger Energie, Chemie und Wasser als im beheizten Gewächshaus brauchen und keinen weiten Transport hinter sich haben oder lange gelagert werden müssen, sind sie oft günstig. Kaufen wir saisonal ein, sorgt das außerdem für Abwechslung auf dem Teller.

Um das deutlich zu machen und zur richtigen Zeit öffentliche Streuobstwiesen, Bärlauchwälder oder frei zugängliche Nussbäume unsicher zu machen (s. Surftipp), hilft ein Saisonkalender. Überlegen Sie mit den Kindern zuerst, welche Lebensmittel z. B. an ihrem Geburtstag bei uns wachsen. Gestalten Sie dann gemeinsam einen großen Saisonkalender, auf dem Monat für Monat Bilder von heimischen Kräutern, Obst-, Gemüsesorten, Nüssen, Getreide etc. aufgeklebt werden. Hängt er gut sichtbar im Eingangsbereich oder im Gruppenraum, bietet er immer wieder Anlässe, um durch das Kita-Jahr hindurch Aktionen rund um saisonale Lebensmittel zu planen und umzusetzen.

Naturbelassene Lebensmittel – Pizza backen

Naturbelassen bedeutet, dass Lebensmittel direkt vom Acker in die Küche kommen und nicht (industriell) weiterverarbeitet wurden. Das erhält zum einen wertvolle Nährstoffe und den ursprünglichen Geschmack, zum anderen spart es CO_2 und Zusatzstoffe. Denn jede Zutat und jeder Verarbeitungsschritt wirkt sich auf die Klimabilanz von Lebensmitteln aus. Vor allem Tiefkühlprodukte erzeugen durch Herstellung, Kühlung, Lagerung und Erhitzung sehr viel CO_2 und sollten daher eher eine Ausnahme bleiben. Die Ökobilanz von Dosen ist sogar noch ungünstiger.

Aber auf stark verarbeitete Lebensmittel zu verzichten, heißt nicht, dass die eigenen Lieblingsgerichte nicht mehr auf den Teller kommen dürfen. Im Gegenteil: Bei einer gemeinsamen Pizzaback-Aktion im Sommer

- mit dem selbst hergestellten Teig aus Mehl, Hefe, Wasser, etwas Öl, Salz und einer Prise Zucker,
- mit frischen Tomaten und
- ganz viel Gemüse und etwas Käse zum Belegen

erleben die Kinder, wie lecker Gerichte aus (weitgehend) unverarbeiteten Lebensmitteln schmecken können.

Tierfreies Klimafrühstück

Der massenhafte Konsum tierischer Produkte ist ein Klimakiller und schadet dem Tierwohl. Aktuell entstehen mehr als die Hälfte aller Treibhausgas-Emissionen der Ernährung durch Fleisch, Eier und Milchprodukte. Die Herstellung tierischer Produkte benötigt ein Vielfaches an Energie (für Zuchtanlagen und Fabriken) und Ackerfläche

(für Weideland und Futtermittel-Produktion). Und wenn Kühe pupsen, setzen sie das extrem klimaschädliche Treibhausgas Methan frei.
Aber keine Sorge: Klimaschutz ist nicht nur spannend, sondern auch lecker! Genießen Sie mit den Kindern darum ein „Klimafrühstück". Nehmen Sie dazu gemeinsam die Klimabilanz der Lebensmittel im Voraus unter die Lupe und stellen Sie ein vielfältiges Frühstück an Leckerbissen zusammen, die auch dem Klima „schmecken". Welche Obst- und Gemüsesorten haben gerade Saison? Welche Produkte gibt es bei uns in der Region? Und welche vegetarischen oder veganen Brotaufstriche lassen sich kinderleicht selbst herstellen?

Lebensmittelwolken

Welche Lebensmittel aus dem Supermarkt besonders klimafreundlich sind, ist nicht immer auf den ersten Blick zu sehen. Tiefkühlprodukte, tierische Lebensmittel und Produkte, die aus dem Gewächshaus kommen, sind zwar tendenziell klimaschädlicher. Aber auch hier gibt es Unterschiede (s. S. 57). Machen Sie darum die CO_2-Emissionen von einzelnen Lebensmitteln für die Kinder mit Wolken sichtbar:

- kleine Wolke = gute Wahl (bis 2 kg CO_2-Emission/kg)
- mittelgroße Wolke = 2. Wahl (2 bis 5 kg CO_2-Emission/kg)
- große Wolke = lieber nicht (ab 5 kg CO_2-Emission/kg)

5.4 Verpackung: Weniger ist mehr

Durchschnittlich produzieren wir in Deutschland rund 4 kg Verpackungsmüll pro Person und Woche, rund 2 kg davon fallen in den Privathaushalten an (vgl. Brandt 2020). Ein großer Anteil davon sind Lebensmittelverpackungen. Aber warum müssen Lebensmittel überhaupt verpackt werden? Verpackungen für Lebensmittel haben eine Schutz-, Lager- und Transportfunktion. Sie schützen vor Umwelteinflüssen (z. B. Licht, Feuchtigkeit), vor Verunreinigungen und Beschädigungen. Außerdem finden wir auf den Verpackungen wichtige Informationen. In einigen Fällen können sie darum nicht ganz wegfallen. Das heißt aber nicht, dass es sich in der Kita nicht lohnen würde, nach Alternativen zu suchen.
Besonders Plastikverschmutzung ist ein globales Problem, das nicht nur die Tier- und Pflanzenwelt, sondern auch die Menschen betrifft. Denn große Kunststoffteile zerfallen zu Mikroplastik, das mittlerweile direkt über die Luft oder über bestimmte Nahrungsmittel (z. B. Fische und Meeresfrüchte) wieder auf unserem Teller landet.

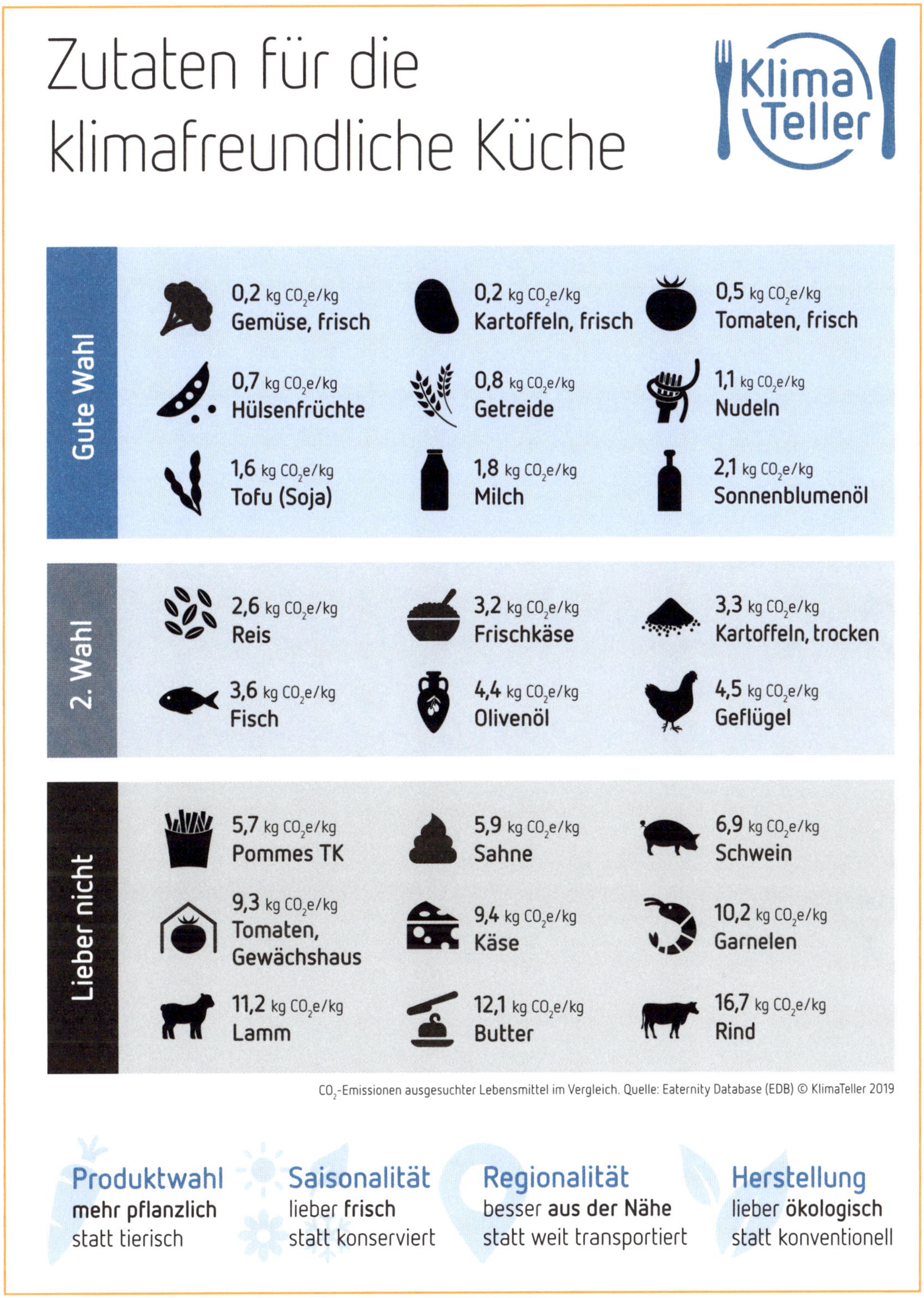

Quelle: NAHhaft e. V./KlimaTeller (2019)
(https://www.klimateller.de/zutaten-fuer-die-klimafreundliche-kueche/
https://www.klimateller.de/wp-content/uploads/2020/04/KlimaTeller-_-MedienKit-_-K%C3%BCchenposter-A1-A4.pdf)

Begeben Sie sich mit den Kindern darum auf Spurensuche: Wo kommt das Plastik her, wofür verwenden wir es und was passiert dann damit? Überlegen Sie gemeinsam mit den Kindern, wie sie diese Plastikberge vermeiden können.

Naturverpackungen

Verpackungen gekaufter Lebensmittel können aus unterschiedlichen Materialien wie Kunststoff, Glas, Papier, Pappe, Aluminium oder Weißblech bestehen. Aber welche Verpackungen gibt es in der Natur? Wie schützen sich z. B. eine Mandarine oder eine Kastanie vor ihrer Umwelt? Erforschen Sie mit den Kindern, wie die Natur ihre Produkte verpackt und was mit den natürlichen Verpackungen passiert. Vergleichen Sie die Ergebnisse dann mit den Verpackungen, die wir für unsere Lebensmittel verwenden. Sammeln Sie dafür Verpackungsmaterial und hängen Sie es sichtbar auf eine Leine oder gestalten Sie mit ihnen ein Kunstwerk. Überlegen Sie mit den Kindern, wo und wie Sie gemeinsam Verpackungsmaterial sparen können.

Langzeitexperiment zum Verrotten

Vergraben Sie mit den Kindern unterschiedliche Verpackungsmaterialien (Papier, Metall, Plastik, Stoff und abbaubarer Bio-Kunststoff) im Außengelände der Kita. Was schätzen die Kinder, wie lange die Materialien brauchen, bis sie abgebaut sind? Beispielsweise braucht eine Plastikflasche rund 450 Jahre, bis sie in ganz kleine Mikropartikel zersetzt ist. Vollständig lösen sie sich vermutlich nie auf. Unbeschichtete Papiertüten verrotten hingegen in etwa 6 Wochen. Graben Sie diese Materialien alle paar Monate einmal aus und dokumentieren Sie den Zustand mit einem Foto.

Wachstücher zum Frischhalten

Werden Lebensmittel oder das mitgebrachte Brot in Wachstücher eingeschlagen, bleiben sie auch ohne Plastikbox lange frisch.

Material

- Stoffreste aus Baumwolle oder Leinen (am besten in Bio-Qualität)
- Zackenschere
- Wachspastillen oder Wachsblock in Bio-Qualität: veganes Bio-Wachs (Raps-, Sonnenblumen- oder Sojawachs gibt es im Fachgeschäft oder online) oder Bienenwachs vom regionalen Imker

- etwas Oliven- oder Jojobaöl
- Backpinsel und Backpapier

So geht's

Schneiden Sie den Stoff mit einer Zackenschere auf die gewünschte Größe und legen Sie ihn auf ein mit Backpapier ausgelegtes Backblech. Nun können Sie den Stoff mit etwas Öl einstreichen und das Wachs auf das Tuch reiben bzw. geben. Wählen Sie ein veganes Wachs, sind die Tücher später etwas weniger anschmiegsam als mit Bienenwachs. Anschließend kommt das Tuch bei 85 °C Ober- und Unterhitze 3 bis 5 min in den Backofen. Ist das Wachs geschmolzen, kann es mit einem Pinsel verstrichen werden. Nun wird das noch warme Tuch zum Trocknen aufgehängt. Am Schluss können Sie es noch einmal zwischen zwei Backpapieren bügeln und schon ist das selbst gemachte, umweltfreundliche Wachstuch einsatzbereit! Gebrauchte Wachstücher kann man nach der Benutzung auf dieselbe Art wieder aufbereiten, wenn sie brüchig werden.

5.5 Lebendiger Boden

Brauchen wir den Boden nur, um nicht ins Erdinnere zu fallen, oder ist er noch für etwas anderes wichtig? Mit dieser Einstiegsfrage können sich Fachkräfte und Kinder der Bedeutung des Fundaments unseres Lebens nähern.
Wir verdanken dem Boden die einzigartige Vielfalt an Pflanzen, Tieren und Lebensräumen auf unserer Erde. Er versorgt uns mit Essen und Medizin, reinigt das Wasser und speichert es. Böden erfüllen also viele Aufgaben, die für uns Menschen und die Umwelt existenziell wichtig sind. Ohne sie würden lebenswichtige Stoffkreisläufe lahmliegen: Es gäbe keinen Nährstoffkreislauf, keinen Wasserkreislauf und auch keinen Sauerstoff in der Luft!

Die Haut unserer Erde

Wie die Schale eines Apfels umhüllt die Erdkruste unseren Planeten. Diese äußerste Schicht der Erde besteht aus festem Gestein und ist durchschnittlich 35 km dick. Ganz oben befindet sich die belebte Schicht: Sie ist im Vergleich zum Durchmesser der Erde hauchdünn (etwa 30 bis 200 cm dick) und besteht aus Mineralien, Humus, Luft, Wasser und unzähligen Bodenlebewesen.

Spatenstich in die Vergangenheit

Es braucht mindestens 100 Jahre, bis 1 cm lebendiger, fruchtbarer Boden entsteht, der die Pflanzen mit Nährstoffen und Wasser versorgt und den Wurzeln Halt gibt. Heben Sie mit den Kindern einen Spatenstich Erde aus: Wie alt ist die unterste Schicht?

Tierisches Abenteuerland

Für kleine Forscher und Entdeckerinnen ist der Grund unter uns ein wahres Abenteuerland. Der Boden lebt: In einer Handvoll Waldboden oder Humus tummeln sich mehr Lebewesen, als es Menschen auf der Erde gibt. Warum braucht es diese Bodentiere? Böden bilden weltweit die Grundlage für über 90 % der produzierten Nahrung. Wir nehmen also jeden Tag ein Stück Boden zu uns. Fast alles, was wir essen, hat dort seinen Ursprung. Damit der Boden gesund bleibt, braucht er Bodentiere. Die Tiere bauen organische Abfälle ab, sodass Humus entsteht – ein besonders fruchtbarer Boden. In jeder Kartoffel, jeder Erbse und jeder Nudel stecken Nährstoffe daraus. Zusätzlich lockern Regenwürmer und andere Bodentiere den Boden auf, damit er luft- und wasserdurchlässig bleibt. Welche und wie viele Tiere sich unter unseren Füßen tummeln, können Kinder erforschen, indem sie mit der Becherlupe losziehen und gemeinsam verschiedene Bodenproben aus dem Garten, Wald oder Kita-Gelände nehmen. Wer entdeckt den ersten Regenwurm?

Bodenfruchtbarkeit vergleichen und fördern

Mit einem kleinen Experiment können Kinder untersuchen, wie fruchtbar die verschiedenen Bodenarten sind – und was Pflanzen zum Wachsen brauchen. Dazu befüllen sie Blumentöpfe mit Gartenboden, Ackerboden, Lehm, Sand etc. und stecken in jede Bodenprobe einen Keimling. Treibt der Keimling in allen Bodenarten? Gedeiht er überall gleich gut? Wo fühlen sich Pflanzen besonders wohl? Nachdem das Experiment gemeinsam ausgewertet wurde, pflanzen Sie mit den Kindern gemeinsam Lebensmittel (Kräuter, Obst und Gemüse) – auf dem Acker, im Hochbeet, als Gartenzaun-Beet (s. Kap. 2.2), im Eimer oder auf der Fensterbank.
Legen Sie außerdem gemeinsam mit den Kindern einen Kompost an und beobachten Sie über die Zeit, wie fruchtbare Erde entsteht. Online und in Gartenbüchern finden Sie viele Anleitungen für den Aufbau von Komposthaufen und Wurmkisten. Oder wie wäre es mit einem Kompostglas (s. Surftipp)?

Surftipp

Mit wenigen Handgriffen können Kinder Kompostwürmern im Kompostglas übergangsweise ein Zuhause geben. Dadurch erleben sie hautnah, wie Humus entsteht.
www.restlos-gluecklich.berlin/*wp-content/uploads/2020/12/Kitaprojekt_Kompostglas.pdf*

Einmal um die Erde

Betrachten Sie mit den Kindern Bilder aus unterschiedlichen Regionen unserer Welt. Wie sieht der Boden aus? Welche Pflanzen kann man sehen? Was essen die Menschen in dieser Region (s. Lesetipp S. 48)? Haben sie genug zu essen? Mit einer kulinarischen Reise um den Globus sehen und schmecken Kinder, welche Nahrungsmittel in den einzelnen Ländern gedeihen.

5.6 Vielfalt auf der Erde und auf dem Teller

Regenwälder, Ozeane, Bäume, Flüsse, Wüsten, Streuobstwiesen und Äcker – Kinder und Erwachsene staunen über die großen und kleinen Wunder der Welt. Durch die Evolution, das Zusammenspiel natürlicher Kräfte und die langjährige Arbeit von Landwirtinnen, Gärtnern und Naturschützerinnen ist auf unserem Planeten eine enorme Vielfalt des Lebens entstanden. Unvorstellbar groß ist die Vielfalt an Arten, Lebensräumen (Ökosystemen) und Genen auf unserem Planeten. Es gibt auf der Welt vermutlich 15 Millionen Tier-, Pflanzen- und Pilzarten und wir kennen davon gerade einmal 1,8 Millionen (vgl. BMU o. J.). Diese „Biodiversität" oder „biologische Vielfalt" ist darum die größte Schatzkammer unserer Erde. Der „Internationale Tag der biologischen Vielfalt", der jedes Jahr am 22. Mai stattfindet, macht auf die dramatische Zerstörung der natürlichen Lebensräume aufmerksam. Denn bis zu 1 Million Tier- und Pflanzenarten sind vom Aussterben bedroht (vgl. Janson 2019).

Diese Entwicklung können wir auch täglich beim Einkaufen beobachten. Bis zu 10.000 Lebensmittelprodukte und mehr stehen in einem größeren Supermarkt. Aber trotz der übervollen Regale ist die Vielfalt sehr eingeschränkt. 30.000 Pflanzenarten gelten weltweit als essbar, jedoch besteht ein Großteil unseres Essens nur noch aus 9 Pflanzen: Rohrzucker, Mais, Reis, Weizen, Kartoffeln, Sojabohnen, Ölpalmen-Früchte, Zuckerrüben, Maniok (vgl. Welthungerhilfe 2019). Auch im bunten Gemüseregal schwindet die Vielfalt. Die industrialisierte Landwirtschaft, Qualitätsnormen von Handel und Industrie und die Konzentration des Saatgutmarktes auf wenige Konzerne haben zur Armut auf unserem Teller geführt.

Dieser Artenverlust birgt eine große Gefahr für den Planeten und für uns Menschen. Für mehr Vielfalt müssen unsere Felder und Gärten wieder bunter werden. Damit sich die Vielfalt auch für Produzierende rechnet, können Fachkräfte und Kinder in ihrer Nähe gezielt nach alten Sorten suchen. Denn nur Lebensmittel, die nachgefragt werden, werden auch weiterhin erzeugt. Das bedeutet z. B., beim Einkaufen gemeinsam nach alten Sorten zu fragen und in Bioläden oder auf einem Bauernmarkt auf die Suche danach zu gehen. Wir können die Vielfalt nur retten, wenn wir sie essen – und das konsequent und mit Genuss!

Buntes Apfelpuzzle

Weltweit kommen rund 20.000 Arten von Äpfeln vor, allein in Deutschland gibt es etwa 2.000. Im Supermarkt liegen aber meist nur 6 bis 10 Sorten – und einige von ihnen wachsen gar nicht bei uns, sondern kommen von weit her. Für die biologische Diversität ist es wichtig, dass auch alte Sorten erhalten bleiben. Nicht nur wegen des Geschmacks und der genetischen Vielfalt. Ein großes Plus der alten Sorten besteht auch darin, dass Menschen mit Unverträglichkeiten alte Apfelsorten häufig besser vertragen. Machen Sie sich darum gemeinsam mit den Kindern auf die Suche nach alten Sorten. Vergleichen Sie das Aussehen und den Geschmack der unterschiedlichen Apfelsorten und lassen Sie die Kinder ihre Großeltern interviewen. Informationsmaterial und Spielaktionen mit Äpfeln machen außerdem darauf aufmerksam, wie vielfältig das Obst sein kann (s. Surftipps).

Auch ein Apfelpuzzle rückt Vielfalt ins Rampenlicht. Schneiden Sie dazu 2 bis 3 Sorten gewaschene Äpfel in unterschiedlich große Teile und legen Sie die Teile gemischt auf eine Unterlage. Nach dem Händewaschen setzen die Kinder die Äpfel wieder richtig zusammen. Wenn das Puzzle gelöst ist, werden die Apfelstücke noch einmal gut gewaschen und aufgegessen oder zu Apfelmus verarbeitet. Natürlich gilt es, dabei die aktuell geltenden Hygieneregeln einzuhalten.

Surftipp

Beim BUND Baden-Württemberg gibt es wunderschöne **Bildkarten** zu alten Apfel- und Birnensorten: **www.bund-bawue.de**/*service/publikationen/detail/publication/karteikarten-alter-obstsorten/*

Erfahren Sie mit den Kindern mehr über die alte Apfelsorte „Fischer Jakob" und gestalten Sie gemeinsam ein **Tischtheater:** **www.bund-bawue.de**/*fileadmin/bawue/Dokumente/Themen/Streuobst/Streuobst_Jakob_Fischer_Tischtheater.pdf*

Fleißige Helfer: Bienen und Wildbienen

Rund ein Drittel unserer Nahrungsmittel wird von Insekten bestäubt. Dazu gehören auch die Bienen, denn die fleißigen Tiere sind die wichtigsten Verbündeten der Bauern und Bäuerinnen. Weltweit sind bislang mehr als 20.000 Arten entdeckt worden, wahrscheinlich gibt es sogar noch viel mehr!

Doch rund die Hälfte der rund 550 heimischen Wildbienenarten ist vom Aussterben bedroht und auch die Honigbiene ist gefährdet. Das hat viele Gründe: Die Bienen finden in den Monokulturen zu wenig Nahrung, oft werden sie durch Pestizide vergiftet und geschwächt. Das macht die Honigbienen anfälliger für Krankheiten und Parasiten. Wildbienen finden außerdem nicht mehr genug Nistplätze in unserer aufgeräumten Landschaft.

Die gute Nachricht: Mit ganz einfachen Mitteln können wir den Bienen helfen – auch in der Kita. Kinder können Futterpflan-

zen aussäen, Wasserschalen bereitstellen oder Nisthilfen für Wildbienen bauen. In der Evangelische Kindertagesstätte „Villa Sonnenschein" in Geislingen-Aufhausen stellen die Kinder sogar gemeinsam mit der Kita-Leiterin, die selbst Imkerin ist, ihren eigenen Honig her. Sie kümmern sich liebevoll um die Bienenstöcke und erleben, wie viel Arbeit in einem Glas Honig steckt – vom Versorgen der Bienen bis zum Honigschleudern und dem Gestalten der Etiketten. Gemeinsam stellen sie auch Bienenwachstücher (s. Kap. 5.4) und Wachswickel zum Auflegen bei Erkältung her.

Palmöldetektive und -detektivinnen im Regenwald

Palmöl kommt aus dem Regenwald und steckt in vielen Produkten unseres Alltags, auch dort, wo man es nie vermuten würde. Da es viel billiger ist als andere Öle, wird es in immer mehr Produkten verwendet – von Keksen über Fertigpizza, Nussnougatcreme bis hin zum Lippenstift, Kerzen und Treibstoff. Das bleibt nicht ohne Folgen: Durch unseren Konsum werden große Flächen von Regenwald abgeholzt, um für die Palmölplantagen Platz zu schaffen. Doch die Regenwälder sind Lebensraum für unzählig viele Tier- und Pflanzenarten und außerdem als „grüne Lungen" der Erde wichtig für das Klima. Der Regenwald schenkt uns Früchte, Holz, Medizin, Rohstoffe – und Schokolade. Um das alles zu schützen, werden Kindern zu Palmöldetektiven und -detektivinnen! Denn es braucht echte Detektivarbeit, damit man herausfindet, in welchen Produkten Palmöl steckt. Machen Sie sich gemeinsam mit den Kindern auf die Suche nach diesen Lebensmitteln und finden Sie Ersatzprodukte ohne Palmöl. Starten Sie ein Regenwaldprojekt und nehmen Sie unterschiedliche Produkte aus dem Regenwald unter die Lupe. Ein palmölfreies Dschungelfest, bei dem vieles selbst gebacken wird, stellt den Höhepunkt des Projekts dar.

6. Durch die ökonomische Brille

Weltweit arbeiten rund 2 Milliarden Menschen zumindest teilweise in der Landwirtschaft. Kleinbauern und -bäuerinnen produzieren dabei 70 % unserer Lebensmittel. Jedoch verdienen viele von ihnen zu wenig, um mit ihren Familien gut davon leben zu können. Das gilt nicht nur für den globalen Süden. Auch in Deutschland sterben immer mehr Höfe. Die Ursache dafür ist nicht zuletzt, dass unsere Lebensmittel im Supermarkt zu billig angeboten werden. Für diejenigen, die sie produzieren, lohnt es sich nicht mehr, Gemüse anzubauen und zu pflegen oder Tiere zu halten und zu füttern. Wir Deutschen geben heute nicht einmal ein Zehntel unseres Einkommens für Lebensmittel aus.

6.1 Fair von Anfang an

„Wäre es nicht einfacher, ein Zeichen auf die Produkte zu geben, die unfair sind?" Diese kluge Frage stellt Hannah, nachdem sich ihr Kindergarten mit fairen Produkten auseinandergesetzt hat. Sicher ist, dass man in diesem Fall zurzeit viel mehr Zeichen bräuchte. Innerhalb der letzten sieben Jahre hat sich der Umsatz im Fairen Handel zwar fast verdreifacht, doch im Jahr 2019 gaben die Deutschen trotzdem nur 22,23 Euro für fair gehandelte Produkte aus. Wir haben umgerechnet rund 6 von 100 Tassen Kaffee fair getrunken und 20 von 100 Bananen fair gegessen. (vgl. Forum Fairer Handel 2020). Auch faire Schokolade genießen wir im Vergleich zu konventioneller sehr selten. Nur wenn unsere Kinder mit fair gehandelten Produkten aufwachsen, wird Fairness für sie zur Normalität. Dann können wir auch beginnen, die „unfairen" Produkte zu kennzeichnen.

Dabei bringt der Faire Handel für alle Akteure und Akteurinnen entlang der Lieferkette Vorteile – auch für uns. Wir kommen in den Genuss von gesunden und hochwertigen Lebensmitteln, die fair, häufig auch bio und vor allem lecker sind! Dass ihr Preis etwas höher ist, ist Ausdruck einer gerechten Bezahlung. Der Faire Handel sorgt für mehr Gerechtigkeit im Welthandel, aber auch ganz konkret in unserer Region. Kleinbauern und -bäuerinnen, Arbeiter und Arbeiterinnen bekommen für ihre Arbeit und für ihre Produkte genug bezahlt, dass sie und ihre Familien davon gut leben können und die Ausbildung ihrer Kinder sicherstellen können. Denn neben der Förderung von Frauen im Globalen Süden beinhaltet Fairer Handel einen weiteren wichtigen Aspekt: Er verbietet Kinderarbeit.

Kinderarbeit verletzt Kinderrechte

Statt in die Schule gehen, müssen in der Welt noch immer 108 Millionen Mädchen und Jungen als Kinderarbeiter und Kinderarbeiterinnen in der Landwirtschaft arbeiten, z. B. auf Plantagen, Bauernhöfen oder Fischerbooten. Sie ernten dabei Kakaoschoten an der afrikanischen Elfenbeinküste, Orangen in Brasilien, Haselnüsse in der Türkei oder Reis in Indien.

Mit (un-)fairen Regeln spielen

Jeder Mensch will gerecht und fair behandelt werden. Auch Kinder kennen das Gefühl von Ungerechtigkeit, z. B. beim Sport. Immer wieder heißt es dann: „Das ist unfair!" Aber was heißt eigentlich fair? Was ist gerecht? Die naheliegende Antwort darauf lautet, dass jeder und jede gleich viel bekommt und alle gleichbehandelt werden. Kann es aber auch bedeuten, dass jeder und jede so viel bekommt, wie er oder sie braucht? Das ist ein spannendes Thema fürs Philosophieren mit den Kindern (s. Surftipp). Natürlich darf auch das Spielen nicht zu kurz kommen.
Indem Kinder Spiele mit fairen Regeln und mit unfairen Regeln erfinden, erleben sie in der Gruppe noch einmal hautnah, was Fairness bedeutet: Wie fühlen sich die Kinder dabei? Damit Fairness auch im Kita-Alltag großgeschrieben wird, können Kinder außerdem ein faires Verhaltens-Siegel basteln (s. Kap. 6.3).

Surftipp

Im Handbuch **Mit den Kleinen Großes denken. Mit Kindern über Nachhaltigkeitsfragen philosophieren** finden Fachkräfte wertvolle Denkanstöße, um sich gemeinsam mit dem Thema Gerechtigkeit auseinanderzusetzen.
www.umweltbildung.de/*fileadmin/inhalte/Materialien/Leuchtpol/handbuch-philosophieren.pdf*

Experten und Expertinnen des Fairen Handels

Besuchen Sie mit den Kindern einen Weltladen oder laden Sie jemanden vom Weltladen zu Ihnen in die Kita ein. Da dort ausschließlich fair gehandelte Produkte verkauft werden, können die Mitarbeiter und Mitarbeiterinnen Fragen der Kinder rund um den Fairen Handel beantworten. Häufig haben Weltläden auch spezielle pädagogische Angebote für Schulen und Kitas im Programm.

MACH MIT!
Werden auch Sie zur FairenKITA! In Deutschlandweit gibt es aktuell rund 300 ausgezeichnete Einrichtungen, die diesen Weg schon gegangen sind. Auf der Homepage finden Sie viele Infos rund um das Programm sowie die Kontaktdaten der Partnerorganisationen in den beteiligten Bundesländern.
www.faire-kita-nrw.de

6.2 Bio – logisch!

Neben der täglichen Entscheidung, ob wir im Supermarkt zu fairen Produkten greifen, stehen wir vor den Regalen auch immer wieder vor der Wahl: bio oder nicht bio? Für biologische Lebensmittel sprechen verschiedene Gründe, wie z. B., dass sie gesund, klimafreundlich und gut für die Vielfalt von Tieren und Pflanzen sind. Was „bio" genau bedeutet, hat die EU gesetzlich geregelt: Bio-Lebensmittel müssen aus ökologisch kontrolliertem Anbau stammen, dürfen nicht gentechnisch verändert sein und werden ohne Einsatz von chemisch-synthetischen Pflanzenschutzmitteln, Kunstdünger oder Klärschlamm angebaut. Außerdem werden Tiere artgerecht gehalten, sie haben also mehr Platz zur Verfügung und werden in der Regel nicht mit Antibiotika und Wachstumshormonen behandelt.

Bio in die Töpfe

Besuchen Sie mit den Kindern Bio-Betriebe in Ihrer Nähe, z. B. einen Bio-Bauernhof, und laden Sie jemanden aus der Praxis zu Ihnen in die Kita ein. Was machen Bio-Bauern und -bäuerinnen im Anbau anders? Was ist ihnen besonders wichtig? Häufig gibt es für die Kinder etwas Leckeres zum Kosten.

Verarbeiten Sie mit den Kindern anschließend Bio-Obst und -Gemüse, das Sie bewusst nicht schälen, sondern nur gut abwaschen und beispielsweise mit einer Wurzelbürste säubern. Denn die Schale enthält viele gesunde Nährstoffe, die wir bei Bio-Lebensmitteln nicht wegschneiden müssen.

MACH MIT!
Das bundesweite Projekt „Bio kann jeder" unterstützt Verantwortliche vor Ort, das Verpflegungsangebot für Kinder in Kitas und Schulen nachhaltiger zu gestalten, z. B. mit kostenfreien Workshops und Infoveranstaltungen. Im Mittelpunkt stehen dabei Lebensmittel aus ökologischer Erzeugung, aber auch regionale und saisonale, tiergerecht produzierte und fair gehandelte Produkte.
www.bio-kann-jeder.de

6.3 Siegelsucher und -sucherinnen

Auf der großen Siegelsuche untersuchen die Kinder mit Begeisterung die Produkte und deren Verpackungen. Siegel, also die bunten Zeichen, mit denen Waren gekennzeichnet sind, erzählen uns einiges über die Herkunft und die Produktion der Lebensmittel. Welche finden wir auf den Lebensmittelverpackungen und was bedeuten sie?

Surftipp
Auf der Website **Siegelklarheit** finden Sie viele Siegel und Zeichen für eine nachhaltige Produktion von Lebensmitteln, Kleidung, Kunsthandwerk usw. mit einer genauen Beschreibung und Bewertung.
www.siegelklarheit.de

Mit der Lupe im Supermarkt

Suchen Sie mit einer Lupe nach den entsprechenden Zeichen auf den Produkten im Supermarkt oder in anderen Geschäften. Verteilen Sie z. B. Listen mit den bekannten Siegeln, sodass die Kinder für jedes gefundene Produkt einen Strich machen können. Am Schluss wird gezählt: Wie viele faire Produkte haben die Kinder entdeckt? Gestalten Sie mit den Kindern anschließend Infoplakate oder eine Ausstellung zu den Siegeln und Zeichen auf Lebensmitteln und stellen Sie sie im Eingangsbereich der Kita aus. So können die Großen auch von den Kleinen lernen.

Fair im Alltag

Im Supermarkt entdecken die Kinder sicher schnell das Fairtrade-Siegel. Aber auch andere bekannte Zeichen und Siegel garantieren, dass ein Lebensmittel fair gehandelt wurde. Haben die Kinder verschiedene Siegel gesammelt, dürfen sie selbst kreativ werden: Lassen Sie sie ein eigenes Siegel für faires Verhalten in der Kita zeichnen oder gestalten und verleihen Sie es für besonders faires Verhalten, z. B. beim Spielen, beim Sport oder im Kita-Alltag.

6.4 Lebensmittel retten

Lebensmittel sind zu gut für die Tonne! Dennoch werden allein in Deutschland jedes Jahr 18 Millionen Tonnen Lebensmittel weggeworfen (vgl. WWF Deutschland 2015). Die größten Verluste entstehen nicht auf dem Feld, beim Transport oder beim Händler, sondern bei uns zu Hause. Mehr als die Hälfte davon landet also in unseren eigenen Mülleimern.

Wir leben in einer Konsum-, Überfluss- und Wegwerfgesellschaft. Lebensmittel sind für uns immer und überall verfügbar. Wer kennt die Entstehungsgeschichte vom Käse, der gerade im Müll gelandet ist: Woher kommt er? Wie lange ist er gereift? Wie viel Arbeit steckt in ihm? Wer hat ihn gemacht? Wie viel Wasser und wie viel CO_2 hat seine Herstellung verbraucht?

In der Kita können Kinder von klein auf lernen, dass Lebensmittel wertvoll sind, und die Lebensmittelverschwendung unter die Lupe nehmen.

Bestandsaufnahme in der Kita

Beginnen Sie mit einem kritischen Blick in die eigene Vesperdose, auf das Frühstücksbüfett oder in den Resteeimer nach dem Mittagessen. Was bleibt übrig und warum? Was passiert damit? Kann man es (unter Einhaltung der Hygieneregeln) noch verwenden? Wie kann man überhaupt vermeiden, dass Essen in der Tonne landet? Sammeln Sie alle Lebensmittelrettungs-Ideen der Kinder und gestalten Sie gemeinsam ein Plakat dazu.

Lebensmittelexperimente und Kühlschrank aufräumen

Wie lagert man Lebensmittel richtig? Für die Beantwortung dieser Frage können die Kinder spannende Experimente durchführen:

- Lagern Sie eine Banane allein in einer Schüssel, eine andere zusammen mit Äpfeln. Welche Banane reift schneller?
- Wie hält die geschnittene Petersilie länger: In einem Glas mit Wasser oder in Papier eingewickelt im Kühlschrank?
- Welche Möglichkeiten gibt es, dass ein welker Salat wieder knackig wird? (Legen Sie ihn z. B. für 15 min in kaltes Wasser mit einer Prise Zucker.) Wie wird verschrumpeltes Gemüse wieder frisch? (Über Nacht im Kühlschrank in kaltes Wasser legen.)

Werfen Sie anschließend mit den Kindern einen kritischen Blick in den Kühlschrank. Liegt alles am richtigen Platz? Ordnung und Hygiene sind nicht nur für die Haltbarkeit der Lebensmittel und für die Gesundheit wichtig, sondern sparen auch Strom.

Dem Haltbarkeitsdatum auf der Spur

Woran erkennt man, dass Lebensmittel ungenießbar sind? Hier spielen unsere Sinne eine wichtige Rolle. Denn das Mindesthaltbarkeitsdatum auf den Lebensmitteln ist nicht gleichzusetzen mit dem Zeitpunkt, an dem das Lebensmittel tatsächlich ungenießbar ist. Üben Sie mit den Kindern den Sinnestest beim gemeinsamen Zubereiten:

- Augen: Gibt es Spuren von Schimmel oder hat sich die Farbe geändert?
- Nase: Riecht das Lebensmittel seltsam oder unangenehm?
- Ohren: Wie klingt es? (Alte Eier glucksen z. B., wenn man sie schüttelt.)
- Zunge: Schmeckt das Lebensmittel verändert, sauer, bitter, unangenehm?
- Hände: Ist es zu weich, zu fest? Hat sich die Oberfläche verändert?

Lebensmittel haltbar machen

Wie kann man Lebensmittel haltbar machen? Probieren Sie mit den Kindern unterschiedliche Techniken aus:

- einkochen und einlegen (Marmelade, Obst, Gemüse)
- Saft machen (pressen, entsaften)
- dörren und trocknen
- einfrieren
- einpflanzen oder weiterwachsen lassen („Regrow")
- pökeln

Wie haben die Menschen früher ohne Strom die Lebensmittel haltbar gemacht und welche Techniken verwenden z. B. indigene Volksgruppen auf Grönland?

„Regrow" – Gemüse nachwachsen lassen

Lassen Sie aus Gemüseresten neue Lebensmittel wachsen, z. B. auf der Fensterbank. Regrowing spart nicht nur Geld und Ressourcen, sondern macht auch Spaß. Besonders einfach geht das mit Frühlingszwiebeln, Lauch und Salat (Pak Choi), auch Karotten und Fenchel bringt man gut zum Sprießen. Anleitungen und Tipps dazu finden Sie in Büchern oder im Internet.

Krumme Dinger ernten

Ein Teil des Obsts oder Gemüses kommt schon auf dem Feld unter die Räder. Nicht weil Trockenheit, Überschwemmungen oder Schädlinge der Ernte zugesetzt haben, sondern weil die Erntemaschine sie entweder nicht zu fassen bekommen hat oder wir sie nicht hübsch genug zum Verkaufen und Kaufen finden: weil sie zu krumm, zu klein, zu groß oder einfach zu einzigartig sind. Starten Sie mit den Kindern darum eine „Nachlese-Aktion" auf dem Acker und halten Sie bei Landwirten und -wirtinnen Ausschau nach krummen Dingern, die aussortiert wurden!

Auch beim nächsten Marktbesuch können Sie gezielt besondere Charakterstücke suchen. Erzählen Sie den Kindern, wie sehr sich z. B.

Surftipps

Mit dem Projekt **Bis auf den letzten Krümel** erhalten Kitas eine Vielfalt an Impulsen für einen nachhaltigen Umgang mit Lebensmitteln und eine gesunde, klimafreundliche Ernährung. Es richtet sich an Berliner Vorschulkinder, Fachkräfte und Eltern. Ein Großteil der Materialien kann aber von Kitas aus ganz Deutschland genutzt werden.
www.restlos-gluecklich.berlin/kitaprojekt

Tipps, wie man den Einkauf richtig plant, Reste verwertet und Nahrungsmittel lange haltbar macht, bietet die ansprechend gestaltete Website **Zu gut für die Tonne**.
www.zugutfürdietonne.de

eine Karotte anstrengen muss, damit sie um einen Stein herumwachsen kann. Fotografieren Sie diese besonderen Exemplare und passend dazu auch ein Gegenstück, das der Norm entspricht. Aus diesen Fotos können Sie ein lustiges Memospiel gestalten (Idee aus „Bis auf den letzten Krümel“, s. Surftipps).

Rumfort-Pfannen-Kochbuch: Brotchips

Gestalten Sie mit den Kindern und ihren Familien ein Rumfort-Pfannen-Kochbuch: Die Hauptzutaten der Gerichte, die in die Pfanne kommen, stehen sowieso „rum“ oder müssen „fort“, z. B. altes Brot für Arme Ritter, überreife Bananen für ein Bananenbrot und verschrumpelte Äpfel für Apfel-Crumble. Ein schnelles Rezept, das die Kinder sofort in der Kita ausprobieren können, sind Brotchips mit Kräutern.

Zutaten

- alte Brotreste
- Olivenöl
- Kräuter nach Belieben, Salz und Pfeffer

So geht's

Brotreste vorsichtig in feine Scheiben schneiden. Olivenöl und die Kräuter mischen (z. B. Rosmarin und Basilikum) und die Ölmischung dann mit dem Pinsel auf die Brotscheiben streichen. Mit etwas Salz und Pfeffer würzen und die Scheiben auf dem Rost für etwa 10–15 min im Ofen bei etwa 200 °C knusprig backen.

6.5 Werbefalle Kinderlebensmittel: knallbunt und ungesund

Die Lebensmittelindustrie setzt auf bunte, auffällige Verpackungen mit Comic-Helden, Stickern und Sammelfiguren, um schon den Jüngsten Mini-Fruchtquark und Quetschis, süße Frühstückscerealien, Getränke, Schokolade usw. schmackhaft zu machen. Mittlerweile gibt es sogar Nudelgerichte, Tütensuppen und andere Fertigprodukte speziell für Kinder. Alle diese Produkte haben eines gemeinsam: Sie enthalten reichlich Zucker, Fett und Zusatzstoffe. Sie sind aber nicht nur alles andere als gesund, sondern auch teurer als unverarbeitete Lebensmittel. Werfen Sie darum gemeinsam mit den Kindern und Eltern einen kritischen Blick hinter die Marketingkulissen der Lebensmittelindustrie.

Lebensmittelmuseum

Gestalten Sie eine Ausstellung mit den beliebtesten „Kinderlebensmitteln" und legen Sie zu jeder Verpackung die entsprechende Menge an Zuckerwürfeln bzw. Teelöffel Fett dazu. Zum Vergleich können Sie auch die empfohlene tägliche Menge an Zucker und Fett für Kinder danebenlegen.

Gesunde Rezepte

Entwickeln Sie mit den Kindern gesunde und leckere Rezepte, die Quetschis und Co. überflüssig machen. Wie wäre es z. B. mit eingefrorenen Melonenstückchen oder Trauben zum Lutschen, einer Eiscreme aus pürierten gefrorenen Bananen und Mandelmilch, einem selbst angerührten zuckerfreien Fruchtquark oder vitaminreichen Smoothies? Gestalten Sie mit den Kindern dann eine eigene Werbekampagne für besonders gesunde Snacks und bieten Sie diese auf dem nächsten Kitafest an.

7. Ernährungsprojekte im Kitajahr

7.1 Frühling – Kräuter und Gewürze

Kräuter und Gewürze sind in der Küche unentbehrlich: Sie verleihen den Speisen Würze oder einen besonderen Geschmack und sorgen für Abwechslung und Farbe im Kochtopf. So manches Lebensmittel wird durch Kräuter und Gewürze für uns sogar besser verträglich. Frische Kräuter sind reich an Vitaminen, Mineralstoffen, Bitterstoffen und ätherischen Ölen in Form von Geschmacks- und Geruchsstoffen. Sie stärken das Wohlbefinden und sind wichtige Bausteine für eine ausgewogene Ernährung. Viele Kräuter haben sogar eine richtige Heilwirkung: Sie helfen z. B. bei Halsschmerzen, Husten oder Bauchschmerzen.

Kräutergarten anlegen und ernten

Einen eigenen Kräutergarten anzulegen, ist für Kinder ein tolles Erlebnis – ob als Kräuterschnecke im Garten oder in Tontöpfen auf der Fensterbank. Denn so können sie mitverfolgen, wie sich aus dem Samen oder Steckling eine Pflanze entwickelt und wie diese größer wird. Sie erfahren, was eine Pflanze braucht, um zu wachsen und wie viel Arbeit dahintersteckt. Rund um einen eigenen Kräutergarten – ganz egal, wie groß er ist – erfahren die Kinder Wissenswertes über Anbau, Pflege, Herkunft und Verwendung von Lebensmitteln. Sie begreifen im wahrsten Sinne des Wortes den Wert der Lebensmittel und lernen sie zu schätzen.
Ein Höhepunkt beim Anbau von Kräutern ist natürlich die Ernte. Dabei kommt es auf den richtigen Zeitpunkt an: Da einige Kräuter vor der Blüte, einige während der Blüte und einige danach das beste Aroma entfalten, empfiehlt sich ein Blick ins Kräuterbuch oder ins Internet. Kräuter werden am besten am späten Vormittag geerntet, sobald sie tautrocken sind. Basilikum, Petersilie, Kerbel und viele

andere können Sie zum Würzen und Verfeinern von Speisen verwenden. Probieren Sie mit den Kindern auch verschiedene Möglichkeiten aus, wie sie die Kräuter zerkleinern, verarbeiten und haltbar machen können (Kräutersalz, einfrieren, trocknen). Lassen Sie die Mädchen und Jungen entscheiden, ob sie anschließend einen Kräuterquark, Kräuterbutter, Tees oder etwas anderes daraus zaubern möchten.

Wildkräuter sammeln

Essbare Wildkräuter und -pflanzen sind ein Geschenk der Natur. Sie bereichern den Speisezettel, haben viele wertvolle Inhaltsstoffe und schmecken! Sogar Spitzenrestaurants nutzen darum heimische Wildpflanzen in ihren Küchen.
Wenn Kinder Pflanzen im Garten, im Wald, auf der Wiese und am Wegesrand sammeln, erleben sie ein echtes Abenteuer. Fürs Sammeln von Wildkräutern braucht man allerdings einiges an Grundwissen: Welche Wildpflanzen und Wildkräuter sind essbar und welche sind giftig? Welcher Pflanzenteil kann zu welcher Jahreszeit wie genutzt und zubereitet werden? Wie können Wildpflanzen überhaupt zubereitet werden?
Wenn Sie beim Sammeln von Wildkräutern ein paar Dinge beachten und Kinder unterstützen, steht einer gemeinsamen Aktion aber nichts mehr im Wege:

- Nur die Pflanzen sammeln, die man wirklich kennt. Beginnen Sie mit einfachen Pflanzen, z. B. Brennnessel, Löwenzahn, Gänseblümchen, Spitzwegerich.
- Erklären Sie den Kindern, beim Sammeln nur die Kräuter zu pflücken, die Sie gemeinsam besprochen haben und die sie genau zuordnen können.
- Probieren dürfen Kinder die Kräuter nur, wenn sie sie vorher einer erwachsenen Person gezeigt haben.

Alle, die tiefer in das Thema einsteigen wollen, können mit den Kindern und den Familien eine Wildkräuterwanderung mit einem Kräuterprofi unternehmen.

Kräuter riechen und schmecken

Üben Sie mit den Kindern, wie sie Kräuter am besten riechen können: Werden die Blätter zwischen den Fingern zerrieben, dann ist das Aroma am intensivsten. Lassen

Kleine Kräuterhexe mit Duftsäckchen

Sie die Kinder diese Art des Riechens selbst testen und stellen Sie folgende Fragen:

- Wie riecht das Blatt stärker: als Ganzes oder zerrieben?
- Schmeckt das Kraut auch so, wie es riecht?
- Kannst du die einzelnen Kräuter allein am Duft unterscheiden und sie benennen?

Haben die Kinder ausführlich gerochen und probiert, dürfen sie einen Geschmackstest mit verbundenen Augen machen. Lassen Sie dazu die Kinder ein kleines Stück von einem Blatt probieren (z. B. Petersilie und Basilikum) und den Geschmack beschreiben (bitter, säuerlich, scharf, süßlich ...). Erkennen einige Kinder die Kräuter blind am Geschmack?

Nasen-Memospiel

Zerreiben Sie Schnittlauch, Basilikum, Oregano u. Ä. zwischen den Fingern und geben Sie in je zwei Gefäße dasselbe Kraut. Haben Sie die Behältnisse zum Riechen vorbereitet (s. S. 73), versuchen die Kinder nun die passenden Paare mit ihrer Nase zu finden: Wonach riecht es? Welche Kräuter und Gewürze könnten in den Dosen sein? Erinnert der Geruch die Kinder an ein bestimmtes Essen (Pizza, Nudeln mit Tomatensoße, Gurkensalat) oder an ein besonderes Ereignis (Weihnachten, Erkältung)?

Augen-Memospiel

Wie beim klassischen Memory suchen die Kinder immer ein passendes Paar. Welches Kind kann beim Aufdecken auch den Namen der Kräuter nennen?

Material

- Papierrollen (Küchenpapier-, Geschenkpapier-, Versandrollen)
- Pinsel und Farben
- doppelseitiges Klebeband
- Kräuter (z. B. Schnittlauch, Petersilie, Salbei, Rosmarin, Thymian, Kerbel, Minze)
- Wildkräuter (z. B. Giersch, Löwenzahn, Spitzwegerich, Gänseblümchen)
- Gewürze (z. B. Nelken, Sternanis, Zimtrinde, Pfefferkörner, Vanilleschote)

So geht's
Zuerst werden die Papprollen längs halbiert und auf die gewünschte Länge zugeschnitten (ca. 10 cm). Kinder können die halbierten, im Halbrund gebogenen Papprollen außen in einer dunklen und innen mit einer hellen Farbe anmalen. Sind die Rollenhälften gut getrocknet, klebt die Fachkraft die Pflanzen innen mit einem doppelseitigen Klebeband fest: immer 2 Rollenhälften mit demselben (Wild-)Kraut bzw. Gewürz. Werden die Kräuter gut festgedrückt, hält das Memospiel länger.
Nun drehen Sie die Rollen um, sodass die Pflanze verdeckt ist. Natürlich darf beim Spiel auch die Nase zum Einsatz kommen!

Kräuterapotheke

Für (fast) alles ist ein Kraut gewachsen! Zeichnen Sie auf einer Tapetenrolle oder einem großen Packpapier die Umrisse von einem Kind. Überlegen Sie dann mithilfe von Büchern und den eigenen Erfahrungen gemeinsam in der Gruppe, wofür welches Kraut oder Gewürz gut ist (z. B. Salbei gegen Halsschmerzen). Anschließend kleben Sie ein wenig davon mit einem doppelseitigen Klebeband an diese Stelle (Hals). Nach und nach können Sie mit den Kindern im Kita-Alltag unterschiedliche Rezepte ausprobieren (Tee, Hustenbonbon, Sirup etc.).

Surftipps

Wie Kräuter in der Kita angebaut werden können, welche Wildkräuter sich zum Sammeln eignen und was sie Leckeres daraus zaubern können, erfahren Fachkräfte auf den Websites **Smarticular und Fitkid**.
www.smarticular.net/*wildkraeuterwanderung-fuer-kinder-entdecken-sammeltipps-rezepte/*
www.fitkid-aktion.de/*rezepte/rund-um-kraeuter/*

7.2 Sommer – Wasser

(Leitungs-)Wasser ist hierzulande das gesündeste, günstigste Lebensmittel, das es gibt! Und wir brauchen es wie kein anderes Nahrungsmittel zum Leben: Können wir 40 Tage oder länger ohne Essen auskommen, überleben wir nur maximal 4 Tage ohne Flüssigkeit. Damit wir gesund, fit und leistungsfähig bleiben, müssen wir darum jeden Tag ausreichend Flüssigkeit „nachfüllen". Bei Kindern ist der Wasseranteil im Körper sogar höher als bei Erwachsenen. Darum gilt die Devise – auch und gerade beim Toben: Trinken nicht vergessen! Die empfohlene Wassermenge für Kinder von 2 bis 6 Jahren liegt bei etwa 0,75 bis 1 Liter. Wenn Kinder sich viel bewegen oder bei warmen Temperaturen brauchen sie sogar mehr Flüssigkeit.

Als gesunde Getränke sollten Fachkräfte und Familien Kindern vor allem Wasser anbieten, auch ungezuckerte Früchte- oder Kräutertees und sehr stark verdünnte Saftschorlen löschen gut den Durst. Rituale und regelmäßiges Anbieten helfen dabei, die Kinder daran zu erinnern, genug zu trinken. Denn wenn wir Durst verspüren, ist das schon ein Alarmzeichen unseres Körpers: höchste Zeit, den Wasserhaushalt aufzufüllen!

Sauberes Trinkwasser – ein Luxus!

Während es für uns ganz selbstverständlich ist, immer Trinkwasser zur Verfügung zu haben, bleibt das für viele Menschen auf der Erde ein Traum. Denn überall dort, wo es nicht häufig genug regnet, um die Grundwasserspeicher, Seen und Flüsse wieder aufzufüllen, leiden Menschen unter der anhaltenden Trockenheit. Auch kommt das Wasser nicht immer wie bei uns sauber aus den Leitungen. Rund 780 Millionen Menschen haben keinen Zugang zu sauberem Trinkwasser! Frauen und auch Kinder, meist Mädchen, müssen oft kilometerweit laufen, um Trinkwasser aus den Brunnen, Flüssen oder Seen zu holen. Dieses Wasser ist dann häufig so verschmutzt, dass die Menschen davon krank werden. Da die Landwirtschaft und Industrie außerdem die natürlichen Grundwasserspeicher der Erde leerpumpt und wir unser wertvolles Trinkwasser mit Schadstoffen wie Pestiziden oder Düngemitteln verschmutzen, verschärfen wir die Situation zusätzlich.

Schätzspiel: So viel Wasser steckt in uns

Wasser ist Leben! In jeder Pflanze und jedem Tier, im Boden und der Luft steckt Wasser. Auch wir Menschen sind „Wasserwesen". Unser Körper besteht – je nach Alter und Geschlecht – zu einem erheblichen Teil daraus:

- Ein Säugling besteht zu 75–80 % aus Wasser.
- Eine erwachsene Person mittleren Alters besteht zu 50–60 % aus Wasser.
- Ein alter Mensch besteht zu 40–50 % aus Wasser.

Lassen Sie die Kinder schätzen, wie viel Wasser sich in uns und in einzelnen Lebensmitteln verbirgt. Zeigen und probieren Sie zum Vergleich: Weintraube – Rosine, Pflaume – Dörrpflaume, Kartoffel – Kartoffelchips, frisches Brot – Knäckebrot.

Wasser sichtbar machen

Besonders frisches Obst und Gemüse enthalten viel Wasser. Woran erkennen wir das und wie können wir die Flüssigkeit sichtbar machen?

- **Orangensaft:** Pressen Sie gemeinsam einen frischen Obst- oder Gemüsesaft bzw. nutzen Sie einen Entsafter.
- **Gurke:** Drücken Sie die geraspelte Gurke aus und fangen Sie den Gurkensaft auf. Die Gurkenraspel verarbeiten Sie mit Joghurt, Salz, Pfeffer und Knoblauch zu einem Zaziki-Dip.
- **Dörrapfel:** Entkernen Sie die Äpfel mit einem Entkerner und schneiden Sie sie dann in dünne Scheiben. Diese können die Kinder auf einem Holzstab oder einer Schnur auffädeln und im Raum zum Trocknen aufhängen. Jeden Tag darf ein Kind ein Stück Apfel verkosten und beschreiben, wie es schmeckt. Wichtig ist dabei ein gut durchlüfteter, warmer Raum (oder im Sommer auch draußen in der Sonne).

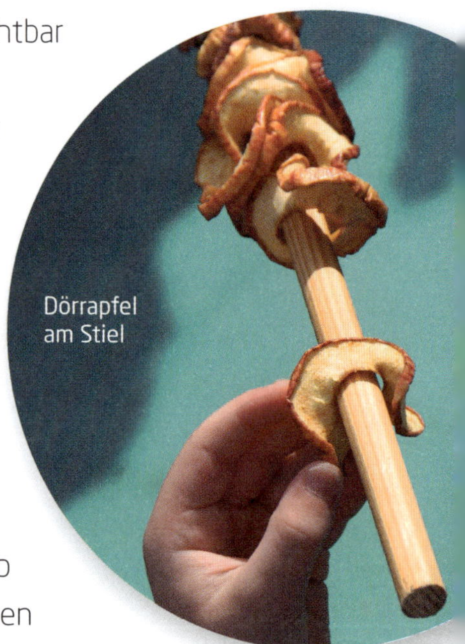

Dörrapfel am Stiel

Kresse-Experiment

Was passiert mit den Pflanzen, wenn sie kein oder zu wenig Wasser zu trinken bekommen? Probieren Sie es aus! Legen Sie mit den Kindern drei Kresseschalen an: Die Kinder falten Küchenpapier in vier Lagen und legen es in die Schälchen. Am Schluss streuen sie die Kressesamen darauf. Ein Schälchen bleibt ganz trocken, eines wird nur am Anfang ein wenig mit Wasser besprüht und das dritte Schälchen wird regelmäßig gegossen oder besprüht. Die Kinder beobachten, fotografieren oder zeichnen, wie sich die Kresse in den nächsten Tagen entwickelt. Beim Auswerten des Experiments können Sie die Impulsfrage stellen: „Was passiert mit uns Menschen, wenn wir zu wenig trinken?"

Trinkmenge verbildlichen

Kinder sollten genug trinken. Aber wie viel ist eigentlich genug? Füllen Sie gemeinsam mit den Kindern 0,75 bis 1 Liter Wasser in eine Karaffe oder Flasche. Diese Menge sollte jedes Kind am Tag trinken: Was schätzen die Jungen und Mädchen, wie viele Becher damit gefüllt werden können? Machen Sie den Test: Füllen Sie die Wassermenge in Trinkbecher und zählen Sie die Becher gemeinsam durch.

Trinktagebuch

Viele Kinder vergessen beim Spielen, genug zu trinken. Mit einem Trinktagebuch können Sie die Mädchen und Jungen unterstützen, ihren Flüssigkeitshaushalt konstant hoch zu halten. Wird das Trinken auf diese Art über einen längeren Zeitraum hindurch trainiert, gewöhnen sie sich im Kita-Alltag dauerhaft daran.
Laden Sie darum die Kinder dazu ein, Tagebuch zu führen. Hier tragen die Kinder alle Getränke ein, die sie entweder nur in der Kita oder im Laufe des ganzen Tages zu sich nehmen. Für Letzteres werden natürlich die Eltern mit ins Boot geholt. Bei der Gestaltung des Tagebuchs basteln alle fleißig mit. Beim Eintragen können Kinder z. B. Striche eintragen, Punkte aufkleben oder vorgedruckte Becher anmalen oder ausstreichen.
Anschließend können Sie die Ergebnisse besprechen und gemeinsam überlegen, was beim Trinken gut läuft und an welchen Tagen das Trinken eher schwierig ist. Haben die Kinder eigene Verbesserungsvorschläge?

Kleine Wasserverkostung

Leonardo da Vinci soll gesagt haben: „Wasser ist manchmal scharf und manchmal kräftig, manchmal sauer und manchmal bitter, manchmal süß und manchmal dick oder dünn (...). Es nimmt so viele Merkmale an wie die Orte, durch die es fließt." Hat er recht? Probieren Sie es mit den Kindern aus! Zuerst schmeckt für Kinder einfaches

Wasser wahrscheinlich nach nichts, weil sie häufig süße Säfte gewohnt sind. Aber mit ein bisschen Übung werden sie sicher auf den Geschmack kommen.
Stellen Sie stilles Wasser, zwei bis vier Sorten Mineralwasser mit unterschiedlichem Mineralgehalt und Gläser bereit. Die Kinder schenken sich ein und riechen zunächst daran. Wonach riecht es? Dann trinken die Mädchen und Jungen einen Schluck aus dem Glas. Lassen Sie sie bei der Verkostung mit dem Wasser anfangen, das den geringsten Mineralgehalt hat, und hören Sie mit dem Wasser mit dem kräftigsten Mineralgehalt auf. Wie beschreiben die Kinder den Geschmack? Wasser-Sommeliers und -Sommelières sind echte Feinschmecker und Feinschmeckerinnen. Sie beschreiben den Geschmack von Wasser auf spezielle Art: samtig, weich, herb, erdig, salzig oder nicht salzig, ausgewogen, fruchtig, bitter bis hin zu mineralisch, säuerlich und süß.

Wunderbare Wasserbar

In den Sommermonaten öffnet die wunderbare Wasserbar, an der sich die Kinder draußen nach Lust und Laune bedienen können. Vielleicht finden sich unter den großen Kindern sogar zwei Wasserbarkeeper bzw. -barkeeperinnen, die die Bar zu bestimmten Zeiten betreuen und für jüngere die Getränke mixen? Für eine echte Bar braucht es natürlich Glasgefäße (Krüge oder Glasflaschen), Trinkgläser, Leitungswasser (wenn möglich mit und ohne Kohlensäure versetzt) und unterschiedliche Mineralwasser.
Bei den Mixzutaten dürfen die Kinder ihrer Fantasie freien Lauf lassen: Aus Salz, Essig, Zitrone, Limette, Melonenstücken, Orangenscheiben, Gurkenscheiben, Ingwer, Himbeeren, Apfelsaft, Minze oder anderen Kräutern und evtl. etwas Brausepulver lassen sich tolle Cocktails zaubern. Viel Spaß macht es auch, wenn die Kinder gemeinsam passende Namen für ihre gemixten Getränke erfinden, z. B. „Minzefrischer Fitmacher" oder „Sonnengelbes Gutelaunewasser".

Alle kochen (nur) mit Wasser

Auch in der Küche spielt Wasser eine wichtige Rolle: einerseits zum Reinigen der Lebensmittel und der Küchengeräte und andererseits für die Zubereitung der Gerichte. Ohne Wasser wäre unser Speiseplan ziemlich eintönig, trocken, hart und auch ungesund.

Was macht das Wasser mit den Lebensmitteln beim Kochen? Mal macht es die Lebensmittel weich, mal hart, manche werden viel größer als vorher, andere verändern die Farbe. Haben die Kinder von ihren Erfahrungen berichtet, geht es ans Testen: Vergleichen Sie mit den Kindern Lebensmittel vor dem Kochen und nach dem Kochen, z. B. Nudel, Kartoffel, Reis, Karotten, Eier. Wie sehen die Zutaten aus, wie fühlen sie sich an? Wie schmecken sie? Besprechen Sie mit den Kindern dabei auch die Gefahren im Umgang mit heißem Wasser!

7.3 Herbst – Nüsse, Samen und Trockenfrüchte

Nüsse, Samen und Trockenfrüchte sind echte Supertalente, denn sie stecken voller gesunder Nährstoffe. Sie enthalten nicht nur reichlich gesunde Fette und pflanzliches Eiweiß (Protein), sondern auch eine Vielzahl an wichtigen Vitaminen, Mineralstoffen und sekundären Pflanzenstoffen. In Walnüssen, Haselnüssen, Paranüssen, Mandeln, Cashew- und Sonnenblumenkernen finden sich z. B. wertvolle Omega-3-Fettsäuren, Eiweiß, B-Vitamine und weitere zentrale Mineralstoffe wie Magnesium, Zink, Kalzium, Eisen, Kalium und Selen.

Auch Trockenfrüchte sind ein guter Energielieferant. Sie enthalten zwar viele Nährstoffe, allerdings ist der natürliche Fruchtzuckergehalt in Trockenfrüchten um einiges höher als im frischen Obst. Darum haben sie einen intensiveren Geschmack und halten deutlich länger. Zu den klassischen Trockenfrüchten zählen Rosinen, Aprikosen, Datteln und Mangos. Sie enthalten viele Ballaststoffe, Vitamine und Mineralstoffe.

Kerngesunde Nuss

Nüsse gehören zu den Superfoods. Diese drei Gründe zeigen, warum sie einen festen Platz im Speiseplan verdienen:

1. **Nüsse machen stark:** Sie sind ausgezeichnete Eiweißlieferanten und spielen darum eine wichtige Rolle für den Erhalt und Aufbau unserer Muskulatur. Vor allem Erdnüsse, Mandeln und Cashewkerne eignen sich als gute und gesunde Alternative zu tierischem Eiweiß.
2. **Nüsse machen schlau:** Rund ein Fünftel unseres kompletten Energiebedarfs braucht unser Gehirn täglich. Da es keinen eigenen Energiespeicher hat, müssen wir es über unser Essen laufend mit den Nährstoffen versorgen, die es braucht. Nüsse sind dafür ideal.
3. **Nüsse machen glücklich:** Nüsse enthalten reichlich Ballaststoffe und machen uns länger satt und zufrieden als jede Süßigkeit. Sie verhindern dadurch große Heißhungerattacken und sind außerdem gut für die Nerven.

GeNUSSvolle Reise um die Welt

Laden Sie Kinder auf eine Entdeckertour rund um den Globus ein. Sie reisen nicht mit dem Flugzeug, sondern ganz klimafreundlich und ohne große Vorbereitungen mit der Kraft der Fantasie!

Material

- (verpackte) Nüsse, Samen, Kerne, Trockenfrüchte
- Weltkarte
- nach Bedarf weiteres Bildungsmaterial und Bücher zum Thema

So geht's

Die Reise beginnt vor der Haustür: Walnüsse und Haselnüsse wachsen auch bei uns. Apfelringe haben die Kinder sogar schon selbst hergestellt (s. Kap. 7.2). Wie sieht es mit Rosinen aus? Wachsen die auch auf Bäumen? Kennt jemand einen Rosinenbaum? „Nein – Rosinen sind doch getrocknete Weintrauben!", meint Felix. Richtig! Aber woher kommen Mandeln oder Erdnüsse?
Die Spuren der verschiedenen Nüsse, Samen, Kerne und Früchte führen die Kinder in ferne Länder und sogar auf verschiedene Kontinente. Die große Weltkarte liegt

schon bereit! Mit Ihrer Unterstützung finden die Kinder auf den Verpackungen einen Hinweis, aus welchem Land die jeweilige Nuss kommt. Schnell finden die Kinder z. B. bei der Cashew (s. u.) Afrika auf der Weltkarte und mit ein wenig Hilfe auch Nigeria. Dann nehmen die Kinder die anderen Zutaten unter die Lupe: Die Erdnüsse kommen aus Indonesien oder aus China und wachsen tatsächlich in der Erde. Die Haselnüsse führen uns in die Türkei, ans Schwarze Meer. Die Mandeln kommen aus Spanien oder Palästina und die Bananenchips aus Ecuador ...
Wie leben die Kinder und Familien in den Herkunftsländern der Nüsse und Trockenfrüchte? Welche Spiele spielen die Kinder dort? Wie geht es den Menschen, die die Nüsse anbauen, ernten oder weiterverarbeiten? Wie sieht ihr Alltag aus? Gibt es besondere Rezepte zu den Nüssen oder Früchten? Der Start in ein kunterbuntes Weltprojekt ist gemacht!

Der Cashew auf der Spur

Auf dem Tisch liegt das Foto von einer Frucht, die niemand kennt (Materialien zur Cashew s. Surftipps S. 86). „Die sieht eigenartig aus! So ein Mittelding zwischen Birne oder Apfel mit einem komischen Ding unten dran, das aussieht wie ein dicker Wurm", wundert sich Max. Das Bild zeigt einen Cashew-Apfel, der „dicke Wurm" unten ist der Cashew-Kern, den wir aber oft als „Nuss" bezeichnen. Da die empfindliche Frucht nicht exportiert wird, ist sie bei uns kaum bekannt. Auf anderen Fotos können die Kinder sehen, wie der Cashew-Baum aussieht und wie sich die Frucht am Baum entwickelt.
Gespannt verfolgen die Kinder dann einen kurzen Film über die Cashew-Verarbeitung in einer nigerianischen Fairtrade-Kooperative. Der Cashew-Kern sitzt in einer dicken Schale, die ein giftiges Öl enthält. Daher ist es gar nicht so einfach, die Nüsse zu knacken. Im Film werden sie in einer Feuerschale geröstet, damit das Öl verbrennt. Zum Glück wird aufgepasst, dass alle gesund bleiben und die Kinder in die Schule gehen.

Powersnacks

Am Ende der geNUSSvollen und spannenden Reise um die Welt, in der die Kinder die Herkunft der Nüsse und Trockenfrüchte kennengelernt haben, füllen die Kinder alle Zutaten in eine große Schale und vermischen sie mit einem Löffel: Mit Nüssen und Trockenfrüchten aus biologischem Anbau und möglichst aus Fairen Handel bzw. aus der Region (z. B. Walnüsse, Haselnüsse, Cashewkerne, Erdnüsse, Sonnenblumenkerne,

Paranüsse, Kokoschips, Bananenchips, Mangostreifen, Apfelchips, Rosinen, Korinthen) entsteht im Nu ein leckerer Powersnack.

Jedes Kind faltet eine Tüte aus Butterbrotpapier, bemalt sie oder schreibt den Namen darauf und füllt eine große Portion davon ab. Stolz nehmen die Kinder dann ihre Tüten mit dem selbst gemachten „KnackdieNuss*Futter" und viele neue Erkenntnisse und Erfahrungen mit nach Hause.

Auch Energiekugeln, Müsliriegel oder Fruchtschnitten eignen sich als leckere und gesunde Alternative zum Naschen von Süßigkeiten und sorgen für den kleinen Energiekick zwischendurch (s. Surftipp). Stellen Sie mit den Kindern diese gesunden Snacks aus ihren Lieblingsnüssen und Früchten her und erfinden Sie kreative Namen für die selbst gemachten kleinen „Energiehelden".

Noch spannender wird die Produktion, wenn die Kinder zumindest einen Teil der Nüsse selbst sammeln, knacken oder schälen. Auch Trockenfrüchte können die Kinder selbst herstellen (z. B. Apfelringe oder Apfelchips).

Surftipps

Weitere Rezepte, Spiele und Impulse rund um die **GeNUSSvolle Reise um die Welt** erhalten Fachkräfte auf der Website „kikuna – Zukunft Nachhaltig Gestalten".
www.kikuna-welt.de/*wegweiser-zukunft/knackdienuss-bildungsmaterial*

Infos, Bilder und ein Film zur **Cashew** gibt es dort ebenfalls.
www.kikuna-welt.de/*fileadmin/content/2021_Material_Knack_die_Nuss/6kikuna-Knack-die-Nuss-Cashew.pdf*

7.4 Winter – Hülsenfrüchte

Welche Hülsenfrüchte musste Aschenputtel aus der Asche auslesen und in welcher Reihenfolge? Welche Hülsenfrucht eignet sich für den märchenhaften Prinzessinentest? Welche Hülsenfrucht kann eine Himmelsleiter bilden? Mit welchen wurden die Kölner Heinzelmännchen vertrieben? (Die Antworten finden Sie auf S. 95.)

Hülsenfrüchte zählen zu den ältesten Kulturpflanzen überhaupt – schon vor rund 10.000 Jahren wurden sie angebaut. Kein Wunder also, dass die kleinen Kraftpakete in vielen traditionellen Märchen und Geschichten vorkommen. Hülsenfrüchte sind getrocknete Samen aus den Hülsen von Schmetterlingsblütlern, den sogenannten Leguminosen. Und es gibt sie in einer unglaublichen Vielfalt: Weltweit finden sich rund 18.000 verschiedene Sorten und Arten in den Farben Rot, Grün, Braun, Lila und sogar gefleckt. Sie sind außerdem flach, kugelrund, länglich oder gebogen. Zu den Hülsenfrüchten zählen die bei uns beliebten Stangenbohnen, Erbsen, Erdnüsse und Linsen, aber auch Kidneybohnen, Kichererbsen und Sojabohnen gehören dazu. Zwar spielen rund um den Globus Hülsenfrüchte als Lebensmittel eine große Rolle. Doch in Ländern, wo traditionell weniger Fleisch gegessen wird, sind Hülsenfrüchte ein besonders wichtiger Eiweißlieferant und zählen zu den Grundnahrungsmitteln. Gibt es in Afrika, Asien und Südamerika schon lange eine Vielfalt an schmackhaften Gerichten aus Hülsenfrüchten, erobern sie bei uns in Mitteleuropa erst seit Kurzem die Küche. Mit einem steigenden Bewusstsein für eine gesunde und nachhaltige Ernährung landen immer mehr Hülsenfrüchte auf unseren Tellern.

Jedes Böhnchen gibt ein Tönchen – aber mit ein paar Tricks kann man die Hülsenfrüchte verträglicher machen. So können auch Kinder die geballte Ladung an Nährstoffen zu sich nehmen. Wenn sie schon früh Aussehen, Geschmack und Konsistenz kennenlernen, werden Kinder das Lebensmittel auch später als wertvolle Kraftpakete und Klimaretter schätzen. Aber Vorsicht: Einige Hülsenfrüchte sind roh giftig. Auch bei Spielen und Bastelaktionen müssen Kinder deshalb darauf aufmerksam gemacht werden, dass es sich zwar um ein (wertvolles) Lebensmittel handelt, sie es aber roh nicht verzehren dürfen.

Superfood Hülsenfrüchte

Sieben Superkräfte machen Hülsenfrüchte zu echten Superhelden:

1. Hülsenfrüchte sind eine wunderbare pflanzliche Eiweißquelle für uns Menschen. Außerdem sind sie reich an wertvollen Mineralien und Ballaststoffen. Vor allem in Kombination mit Getreide bieten sie eine gute Alternative zu tierischem Eiweiß.
2. Hülsenfrüchte sind wichtige Helfer in der Landwirtschaft, vor allem im Bio-Anbau, denn sie düngen sich quasi selbst und verbessern den Boden. Bohnen, Erbsen, Linsen, Kichererbsen usw. gehen eine Symbiose mit den Knöllchenbakterien ein. Diese vollbringen ein kleines Wunder: Sie binden den Stickstoff aus der Luft und versorgen die Pflanze und den Boden damit. Dadurch wird die Bodenfruchtbarkeit gefördert und der Einsatz von Düngemitteln und Pestiziden gesenkt.
3. Hülsenfrüchte sorgen für Vielfalt: Im Boden fühlen sich viele wertvolle Bakterien und Regenwürmer wohl und die Blüten sind eine wichtige Nahrungsquelle für Bienen und Insekten.
4. Hülsenfrüchte brauchen in der Regel weniger Wasser.
5. Da Hülsenfrüchte regional angebaut werden können, entstehen deutlich weniger Treibhausgase als bei einem Transport mit Lkw oder Flugzeug.
6. Hülsenfrüchte können klimafreundlich in der Sonne getrocknet werden.
7. Hülsenfrüchte lassen sich unverpackt verkaufen und sind sehr lange haltbar.

Pflanzspaß – Bohnen-Tipi

Versuchen Sie sich als Gärtner und Gärtnerinnen und bauen Sie mit den Kindern selbst Erdnüsse oder andere Hülsenfrüchte an. Besonders Kletterpflanzen wie Feuerbohnen oder Zuckererbsen gelingen gut und bieten mit geringem Aufwand spannende Impulse im Alltag: Gestalten Sie z. B. in einer Familienaktion ein Tipi oder einen Tunnel. Für Kinder entsteht so ein toller Platz zum Lesen, Spielen und Ernten.
Sie brauchen dazu je nach gewünschter Größe 6 bis 12 Holzlatten oder Äste, die kreisförmig in die Erde gesteckt und oben zusammengebunden werden. Anschließend können Sie eine Schnur oder dünne, biegsame Äste als Querverbindungen anbringen. Diese dienen als zusätzliche Rankhilfe für die Bohnen. Vergessen Sie aber nicht, einen Eingang zu lassen. Steht das Gerüst aus Holz, kann gesät werden!

Linsenmosaik und andere Bastelideen

Hülsenfrüchte bieten sich für zahlreiche Bastelaktionen an. Wie wäre es mit einem farbenfrohen Mosaik aus grünen, gelben und orangenen Linsen? Schöne Bilder entstehen auch, wenn Kinder aus verschiedenen Bohnenarten z. B. eine schöne Blumenwiese auf ein Papier aufkleben oder Tierschablonen damit ausfüllen.
Instrumente wie Rasseln oder Regenmacher bereichern den musikalischen Kita-Alltag und sensibilisieren Kinder dafür, dass verschiedene Hülsenfrüchte nicht nur verschieden aussehen, sondern auch unterschiedliche Geräusche machen.

Märchenhafte Sortierspiele

Besonders die Montessori-Pädagogik hat Hülsenfrüchte schon lange als Spielmaterial und Hilfsmittel zum Einüben von Alltagstätigkeiten entdeckt. Beim Schütten, Ordnen, Zählen, Fühlen stärken Kinder ihre Feinmotorik, Konzentrationsfähigkeit, Auge-Hand-Koordination und vieles mehr. Wer hat genug Geduld, um Erbsen mit einem kleinen Löffel von einem Gefäß in ein anderes zu füllen? Noch mehr Spaß machen Alltagsspiele aber, wenn sie in eine Geschichte eingebettet sind. Nach dem Vorlesen des Märchens Aschenputtel können die Kinder so z. B. selbst Wicken, Linsen und Erbsen aus einer gemeinsamen Schale in einzelne Gefäße sortieren. Fortgeschrittene dürfen es auch mit einer Pinzette versuchen!

Explosive Erbsen- und Bohnenexperimente

So unscheinbar Bohnen und Erbsen auf den ersten Blick aussehen – zum Experimentieren könnten sie kaum spannender sein:

- Füllen Sie eine Mischung aus Gips und Mungobohnen in einen Plastikbecher. Nach einiger Zeit bilden sich Keimlinge, die Risse im Gips machen. Nach und nach sprengen die Keime sogar den Becher.
- Jetzt dürfen die Erbsen zeigen, was sie können: Füllen Sie ein Glas mit etwas Wasser und stellen Sie es auf einen Blechdeckel (z. B. einer Keksdose). Anschließend füllen Sie getrocknete Erbsen bis zum Rand hinein. Nach einiger Zeit quellen die Erbsen über das Glas hinaus. Da die oberen Erbsen noch getrocknet sind, erzeugen sie beim Aufprall Geräusche: plopp, plopp, plopp …

7.5 Durch alle Jahreszeiten – Brot & Butter

Brot ist in Deutschland eines der wichtigsten Grundnahrungsmittel, und zwar durch alle Jahreszeiten hindurch. Mit aktuell über 3.200 verschiedenen Brotspezialitäten im Deutschen Brotregister ist Deutschland sogar Brotweltmeister.

Der Weg vom Korn zum Brot eignet sich dabei als Projekt für das ganze Kita-Jahr: Je nach Sorte wird das Getreide im Herbst oder Frühjahr gesät. Dann können die Kinder die blühenden Ähren auf dem Feld besuchen, vielleicht sogar beim Ernten helfen und eine Getreidemühle besuchen, bis sie das fertige Mehl in den Händen halten. Die Wintermonate bieten schließlich genug Zeit, um selbst Brot zu backen. Wenn der duftende, knusprige Laib aus dem Ofen kommt und mit etwas selbst gemachter Butter bestrichen wird, ist schnell klar: Das Jahr Arbeit hat sich gelohnt!

Außerdem können Fachkräfte und Kinder beim Projekt einen Blick in andere Länder werfen. Aus welchen Getreidearten, in welchen Formen und Zubereitungsarten essen Menschen in Mexiko, Schweden oder in Südafrika Brot? Die Antworten darauf sind so vielfältig wie die Kulturen der Welt.

Brotverkostung

Kaut man Brot lang genug, verändert sich der Geschmack: Es schmeckt plötzlich süß. Das hängt damit zusammen, dass Brot versteckten Zucker in Form von Stärke enthält. Je nach Sorte lässt dieser den Blutzuckerspiegel in unserem Körper schneller (Weißbrot) oder weniger schnell (Vollkornbrot) ansteigen. Jetzt geht es an den großen Geschmackstest:

Surftipp

Kostenloses didaktisches Material zum Thema Welternährung für Kita und Grundschule („Lecker! Brot schmeckt uns rund um die Welt") bietet das Hilfswerk **Brot für die Welt**.
https://www.brot-fuer-die-welt.de/bildung/material/didaktisches-material-welternaehrung/

Schneiden Sie mit den Kindern Brot in kleine, mundgerechte Stücke und verkosten Sie unterschiedliche Brotsorten. Erkunden Sie gemeinsam:

- Wie sieht das Brot aus? Welche Farbe hat es, welche Struktur?
- Wonach riecht das Brot?
- Wie fühlt sich das Brot an? Weich, hart, krümelig?
- Wie klingt das Brot? Quietscht es zwischen den Fingern?
- Wie fühlt sich das Brot auf den Lippen und im Mund an? Wie ist das Gefühl auf der Zunge?
- Wie lässt sich der Geschmack beschreiben? Wie verändert sich der Geschmack, wenn man das Brot länger kaut?
- Welches Brot mag welches Kind am liebsten?

Butter schütteln

Butter ist ein Naturprodukt aus der Sahne der Milch. Um sie herzustellen, wird die Sahne einfach so lange geschlagen, bis sich die Fettkügelchen zu größeren Butterkörnern zusammenballen. Dabei trennt sich die flüssige Buttermilch von der „festen" Butter ab. Das funktioniert einfacher, als man denkt.

Zutaten

- Schlagsahne (Raumtemperatur)
- evtl. Salz und/oder Pfeffer
- evtl. frische Kräuter (z. B. Schnittlauch, Petersilie, Thymian oder Wildkräuter)
- Brot für die Verkostung
- außerdem: pro Kind ein Glas mit Schraubverschluss, Brettchen, Küchenmesser, Sieb, Schüsseln, Löffel

So geht's

Verteilen Sie die Sahne auf die Gläser (maximal bis zur Hälfte befüllen) und verschließen Sie diese fest. Jetzt darf kräftig geschüttelt werden, bis sich die Buttermilch absetzt. Am besten gelingt das mit einem Schüttellied (s. S. 92)! Danach den Inhalt der Gläser durch das Sieb in die Schüssel gießen. Mit dem Löffel können die Kinder nun die restliche Flüssigkeit aus dem Butterklumpen herausdrücken. Am Schluss Kräuter klein schneiden und mit der Butter vermischen, evtl. mit Salz und Pfeffer würzen. Guten Appetit!

Schüttellied vom Waldkindergarten „Buntspechte" in Beimerstetten

(Melodie nach dem Lied „Händewaschen, Händewaschen …")

Butter schütteln, Butter schütteln – das kann jedes Kind,
Butter schütteln, Butter schütteln – geht nicht so geschwind!
Die Sahne kommt ins Glas hinein,
bald schon soll sie Butter sein!
Da müssen wir sie schütteln,
schütteln, schütteln, schütteln …
Da müssen wir sie schütteln,
bis sie rund und ganz fest wird.

Serviceteil

Literatur & Links

Literatur

Brandt, M. (2020): 227,5 kg Verpackungsmüll pro Kopf. https://de.statista.com/infografik/19987/verpackungsverbrauch-in-deutschland/.

Brot für die Welt (2020): Über den Ökologischen Fußabdruck. https://www.fussabdruck.de/okologischer-fussabdruck/ueber-den-oekologschen-fussabdruck/.

Bundesministerium für Umwelt, Naturschutz und nukleare Sicherheit (BMU) (o. J.): Biologische Vielfalt. www.bmu.de/FQ33)

Deutsche Umwelthilfe (o. J.): Problem Einweg-Plastikflaschen. https://www.duh.de/mehrweg-klimaschutz0/einweg-plastikflaschen/.

EAT (2018): Annual Review. https://eatforum.org/content/uploads/2019/06/Annual_review_dokument_2018_WEB.pdf.

Ernährungsberatung Rheinland-Pfalz (Hrsg.) (o. J.): Virtuelles Wasser – Wie viel Wasser wir wirklich verbrauchen. https://www.ernaehrungsberatung.rlp.de/Internet/global/themen.nsf/ALL/5E15BD52B698B357C1257706005C8091?OpenDocument.

Forum Fairer Handel (Hrsg.) (2020): Aktuelle Entwicklungen im Fairen Handel. https://www.forum-fairer-handel.de/fileadmin/user_upload/dateien/publikationen/materialien_des_ffh/2020_Aktuelle-Entwicklungen_im_FH_web.pdf.

Janson, M. (2019): So viele Arten sind vom Aussterben bedroht. https://de.statista.com/infografik/17900/weltweit-bedrohte-tier--und-pflanzenarten/.

Landeszentrum für Ernährung Baden-Württemberg (2019): Fleischlos glücklich? So gelingt die vegetarische Ernährung in der Kita. https://landeszentrum-bw.de/,Lde/wissen/Ernaehrungsinformation/Gemeinschaftsverpflegung/Fleischlos+gluecklich+Kita.

Markert, Rolf (2019): Sonderbericht des Weltklimarates. Die Erde in der Zange. https://www.zdf.de/nachrichten/heute/flaechenverbrauch-die-erde-in-der-zange-100.html.

Ministerium für Soziales, Gesundheit, Jugend, Familie und Senioren des Landes Schleswig-Holstein (Hrsg.) (2019): Erfolgreich starten. Handreichung zu Bildung für eine nachhaltige Entwicklung in Kindertageseinrichtungen. https://www.schleswig-holstein.de/DE/Landesregierung/VIII/Service/Broschueren/Broschueren_VIII/Kita/Handreichung_Nachhaltige_Entwicklung.pdf?__blob=publicationFile&v=1.

NAHhaft e. V. (2019): KlimaTeller. Zutaten für die klimafreundliche Küche. https://www.klimateller.de/zutaten-fuer-die-klimafreundliche-kueche/.

Ottendorfer, B. (2016): Wie du es schaffst, dass deine Kinder alles liebend gerne probieren. https://suchtdasglueck.at/achtsam-essen-fuer-kinder/.

Robert Koch-Institut (Hrsg.) (2018): KiGGS Welle 2 – Gesundheitsverhalten von Kindern und Jugendlichen. Journal of Health Monitoring 2018 3(2). https://www.rki.de/DE/Content/Gesundheitsmonitoring/Gesundheitsberichterstattung/GBEDownloadsJ/Journal-of-Health-Monitoring_02_2018_KiGGS-Welle2_Gesundheitsverhalten..pdf?__blob=publicationFile.

Sarah Wiener Stiftung (2019): Gute Hygienepraxis beim pädagogischen Kochen mit Kindern. https://sw-stiftung.de/fileadmin/content/00_startseite/03_Projekte/190802_SWS_Merkblatt_gute_Hygienepraxis_Online.pdf.

Snel, E. (2013): Stillsitzen wie ein Frosch. Kinderleichte Meditationen für Groß und Klein. Goldmann: München.

Stiftung Haus der kleinen Forscher (Hrsg.) (2018): Macht mit! Bildung für nachhaltige Entwicklung in der Praxis. https://www.haus-der-kleinen-forscher.de/fileadmin/Redaktion/1_Forschen/Themen-Broschueren/Broschuere_BNE-2_2019.pdf.

Weltagrarbericht (o. J.): Wasser. https://www.weltagrarbericht.de/themen-des-weltagrarberichts/wasser.html.

Welthungerhilfe (2019): Rettet das Saatgut! https://www.welthungerhilfe.de/fileadmin/pictures/publications/de/teaching_materials/2019-rettet-das-saatgut-schueler-sek-1-2.pdf.

WWF Deutschland (Hrsg.) (2015): Das große Wegschmeißen. Vom Acker bis zum Verbraucher: Ausmaß und Umwelteffekte der Lebensmittelverschwendung in Deutschland. https://www.wwf.de/fileadmin/fm-wwf/Publikationen-PDF/WWF_Studie_Das_grosse_Wegschmeissen.pdf.

WWF Deutschland (2021): Earth Overshoot Day. https://www.wwf.de/earth-overshoot-day.

Letzter Stand der Online-Quellen: 10.04.2021.

Links

BNE/Globales Lernen/Agenda2030

www.bne-portal.de
www.globaleslernen.de/de/node/15722
www.kita-global.de
www.faire-kita-nrw.de
www.kita21.de
www.klima-kita-netzwerk.de
www.kita-weltbewusst-2030.de
www.haus-der-kleinen-forscher.de
www.kindermeilen.de
www.regenwald-schuetzen.org
www.situationsansatz.de/fachstelle-kinderwelten/
www.bmz.de/de/agenda-2030

Ernährung mit dem Fokus auf Kita und Schule

www.fitkid-aktion.de
www.bzfe.de
www.nqz.de/kita/ernaehrungsbildung/
www.oekolandbau.de (Bio kann jeder)
www.ichkannkochen.de
www.gemueseackerdemie.de/ackerkita/
www.klima-kita-netzwerk.de
www.kikuna-welt.de
www.restlos-gluecklich.berlin/kitaprojekt
https://landeszentrum-bw.de/,Lde/Startseite
/www.tollwood.de/bio-fuer-kinder/
www.dge.de

Welternährung und Umgang mit Ressourcen

www.brot-fuer-die-welt.de
www.utopia.de
www.weltladen.de
www.greenpeace.de
www.wwf.de
www.bund.net
www.nachhaltiger-warenkorb.de

Weiterführende Lesetipps

Das Recht auf Teilhabe und Mitbestimmung. Partizipation in der Kita. Hintergründe und Empfehlungen aus und für die Praxis http://library.fes.de/pdf-files/dialog/14537.pdf

Fritz, L./Schubert, S. (2015): Alle guten Gaben! Warum gesundes und nachhaltiges Essen in der Kita wichtig ist. Berlin: Brot für die Welt – Evangelischer Entwicklungsdienst/Diakonie Deutschland.

FRÖBEL Bildung und Erziehung (Hrsg.) (2019): Dokumentation Fröbel-Lab. Mahlzeiten und Ernährung in der Kita. www.froebel-gruppe.de/mahlzeiten-ernaehrung/."

Fröbel-Lab: „Mahlzeiten und Ernährung in der Kita – Bildungsmomente gemeinsam gestalten" www.froebel-gruppe.de/mahlzeiten-ernaehrung/

Landeszentrum für Ernährung Baden-Württemberg an der LEL (Hrsg.) (2019): Leitfaden Hülsenfrüchte in Kita und Schule. https://landeszentrum-bw.de/,Lde/Startseite/wissen/Huelsenfruechte.

Sarah Wiener Stiftung (Hrsg.) (2014): Landschaft schmeckt. Nachhaltig kochen mit Kindern. Weinheim, Basel: Beltz.

Sarah Wiener Stiftung/Barmer (Hrsg.) (2020): 5 Jahre Ich kann kochen! – Praktische Ernährungsbildung, die wirkt. www.ichkannkochen.de/die-initiative/wirkung/

Tollwood/Landeshauptstadt München, Referat für Gesundheit und Umwelt (Hrsg.) (2010): Bio für Kinder schmeckt natürlich gut. Ein Aktionshandbuch zur Umstellung auf Bio-Verpflegung in Kindertagesstätten und Schulen. https://www.tollwood.de/bio-fuer-kinder/das-bio-fuer-kinder-handbuch/.

WBAE (2020): Politik für eine nachhaltigere Ernährung. Eine integrierte Ernährungspolitik entwickeln und faire Ernährungsumgebungen gestalten. https://www.bmel.de/SharedDocs/Downloads/DE/_Ministerium/Beiraete/agrarpolitik/wbae-gutachten-nachhaltige-ernaehrung.html.

von Cramm, D. (2017): Das Veggie-Kochbuch für die Kita. Freiburg: Herder.

Bildnachweis

Lösung Seite 87

Aschenputtel musste Wicken, Linsen und Erbsen auslesen – in dieser Reihenfolge. Die Prinzessin lag auf der Erbse. Drei Bohnen wuchsen über Nacht bis in den Himmel und die neugierige Schneidersfrau legte Erbsen aus, um die Heinzelmännchen zu sehen und zu vertreiben.

Danke!

Ich bedanke mich bei allen Kita-Teams, Kindern und Eltern sowie bei Experten, Expertinnen und Organisationen die seit vielen Jahren ihre praktischen Erfahrungen, ihr Wissen und ihre Fragen rund um nachhaltiges Handeln mit mir teilen und mich immer wieder aufs Neue inspirieren und motivieren.

Autorinnenvita

Karin Wirnsberger ist seit mehr als 20 Jahren als Bildungsreferentin für Bildung für nachhaltige Entwicklung (BNE) und Globales Lernen aktiv. Sie entwickelt Bildungsprojekte und -materialien für die Initiative kikuna e.V. – Zukunft Nachhaltig Gestalten, ist seit 2011 Beauftragte für Bildung für Nachhaltige Entwicklung der Gemeinde Dornstadt. Seit 2020 koordiniert sie für das Entwicklungspädagogische Informationszentrum EPiZ in Reutlingen die Projekte KITA. weltbewusst.2030 und FaireKITA Baden-Württemberg.

www.herder.de

Covermotiv: © freepik/AdobeStock
Coverkonzeption und Layout: Uwe Stohrer, Freiburg
Umschlaggestaltung, Satz & Gestaltung: Arnold & Domnick, Leipzig
Lektorat: Caroline Baumer, Freiburg
Herstellung: PNB Print Ltd
Printed in Latvia

Aus Umweltschutzgründen wurde dieses Buch ohne Folie produziert.
ISBN (Print) 978-3-451-39040-1
ISBN E-Book (PDF) 978-3-451-82354-1
ISBN E-Book (EPUB) 978-3-451-82353-4